concentrate on

FRENCH
Reading

FOR
GCSE

CAROLINE WOODS

SERIES EDITORS:
STEVEN CROSSLAND
AND CAROLINE WOODS

Acknowledgements

The publishers would like to thank the following for permission to reproduce material in this volume: *Evian* (Exercise 10/2/2); *Femme Actuelle* – 'Travailler dans un parc d'attractions', no. 646, Michèle Béran (Exercise 9/3/2), '10 questions pour bien se préparer à l'euro', no. 731, Michel Primault avec le concours du ministère de l'Economie, des Finances et de l'Industrie (Exercise 6/3/2), 'Bien manger: Allergies, méfiez-vous de certains aliments', no. 751, Sabrina Nadjar et Bénédicte Priou-Aubry (Exercise 7/2/1); *France Telecom* (Exercise 5/2/1); *Hôtel Concorde-Lafayette* (Exercise 9/1/2); *L'Hebdo des Juniors* – 'Dr Dolittle', © Jean François Vibert, l'Hebdo des Juniors, Août 98, Fleurus-Presse (Exercise 3/3/1), 'Le motocross à pédales', © Claire Laurens, l'Hebdo des Juniors, Août 98, Fleurus-Presse (Exercise 3/2/1), 'Reportage: Strasbourg sans voitures', © Gérard Dhotel, l'Hebdo des Juniors, Octobre 98, Fleurus Presse (Exercise 10/3/1); *L'Indépendant* – 'Faits divers: Terrible collision entre Sainte-Marie et Canet: deux morts et sept blessés', 25 août 97, p5 (Exercise 5/3/2); *La Voix du Nord* – 'Au Collège de l'Europe: Opération "ptit'dej" ', La Voix du Dimanche, 12 avril 99 (Exercise 7/2/2); *Le Figaro Magazine* – 'Un écovillage en Picardie', 28 mars 98, p121 (Exercise 4/3/2), 'Les vacances des juniors . . . sans papa-maman', 28 mars 98, p124 (Exercise 4/2/1); *Le Parisien* – 'Créer un esprit écolo au quotidicn', no. 16669, 9 avril 98 (Exercise 10/3/3); *Okapi* – 'Ma sœur me copie sans arrêt' © Okapi, Bayard Presse, 15 décembre 97 (Exercise 1/2/1), 'Faudel: Tellement on l'aime!' © Okapi, Bayard Presse, 15 février 99 (Exercise 1/3/1), 'Madagascar' © Okapi, Bayard Presse, 15–31 août 93, no. 522 (Exercise 2/3/3), 'Pourquoi des Jeux Olympiques pour handicapés?' © Okapi, Bayard Presse, Odile Amblard, 1 avril 98 (Exercise 3/3/2), 'Elisabeth: Une fille dans la mêlée' © Okapi, Bayard Presse, Eric Léal, 15 décembre 98 (Exercise 3/3/3), '11 morts dans une avalanche – pourquoi?' © Okapi, Bayard Presse, Odile Amblard, 15 février 98 (Exercise 5/3/3), 'L'état de santé des Français' © Okapi, Bayard Presse, 23 mars–13 avril 96, no. 581 (Exercise 7/3/1), 'Les cartables légers c'est pour quand?' © Okapi, Bayard Presse, 1 octobre 98, Arnaud Schwartz (Exercise 8/2/2), 'Collège: tout ce que tu veux changer' © Okapi, Bayard Presse, 15 février 99 (Exercise 8/3/1), 'J'aime pas la cantine' © Okapi, Bayard Presse, Sophie Coucharrière et Eric Léal/Luc Cornillon, 15 février 99 (Exercise 8/3/1), 'Je me fais racketter depuis des semaines' © Okapi, Bayard Presse, 1 avril 99 (Exercise 8/3/2), 'Profs-élèves – Chaude ambiance . . .' © Okapi, Bayard Presse, Charlotte Fouilleron/Luc Cornillon, 1 avril 99, 'Je voudrais être pompier' © Okapi, Bayard Presse, 1 octobre 98 (Exercise 9/2/1), 'Quels seraient les 5 droits que vous aimeriez avoir en priorité?' © Okapi, Bayard Presse 1992 (Exercise 10/2/1), 'Avez-vous un rêve à réaliser?' © Okapi, Bayard Presse, 25 février 97, no. 599; *SNCF* (Exercise 4/2/2)

The publishers have made every possible effort to trace all copyright holders. In the few cases where copyright holders could not be traced, due acknowledgement will be given in future reprintings if copyright holders make themselves known to the publishers.

Orders: please contact Bookpoint Ltd, 78 Milton Park, Abingdon, Oxon OX14 4TD. Telephone: (44) 01235 827720, Fax: (44) 01235 400454. Lines are open from 9.00–6.00, Monday to Saturday, with a 24 hour message answering service. Email address: orders@bookpoint.co.uk

British Library Cataloguing in Publication Data
A catalogue record for this title is available from The British Library

ISBN 0 340 75362 5

First published 2000

Impression number	10	9	8	7	6	5	4	3	2	1	
Year			2005	2004	2003	2002	2001	2000			

Copyright © 2000 Caroline Woods

Typeset by Wearset, Boldon, Tyne and Wear.
Printed in Great Britain for Hodder & Stoughton Educational, a division of Hodder Headline Plc, 338 Euston Road, London NW1 3BH by J.W. Arrowsmiths Ltd, Bristol.

CONTENTS

Introduction to the Concentrate on French series

The *Concentrate on French* series is designed to provide reinforcement and practice materials in each of the four Modern Language skills – Listening, Speaking, Reading and Writing. The books can be used at any appropriate time in Key Stage 4 and can complement any commercial course or scheme of work.

Within each of the 10 units, exercises are carefully graded to target particular levels of attainment at GCSE as follows:

Section One – GCSE grades G, F and E.
Section Two – GCSE grades D and C
Section Three – GCSE grades B, A and A*.

The exercises are designed to reflect the test types used by GCSE and Scottish Standard Grade examination boards. They can be used by teachers with a whole class or by individual students working at their own speed. To this end, a record sheet is included at the end of the book on which the student can record progress through the exercises.

Mark schemes, hints and model answers are provided at the end of the book.

Notes to the student

As you cover individual topics during your GCSE Modern Languages course or your revision programme, use the exercises in this book to gain further practice. Look at the contents page and select the topic area you wish to practise or revise.

Each unit is divided into three sections according to the level of difficulty: exercises in Section One target GCSE grades G, F and E, Section Two exercises target grades D and C and those in Section Three target grades B, A and A*.

The exercises are designed to resemble those that you might come across in the GCSE examination. Specific instructions on the skill area practised in this book can be found overleaf. When you have attempted the exercises in one section, consult the answer section at the end of the book and find out how well you have done. If you were successful in all the exercises in a particular section, try those more difficult exercises in the following one. Read the tips carefully and keep them in mind when you take the examination.

We hope you find this and the other books in the series useful. Good luck!

Introduction to this book

As explained on the previous page, each unit is divided into three sections in order of difficulty. There is no increase in difficulty from one unit to another, so they can be worked through in any order.

You will find a number of different types of exercises, which mirror those you are likely to come across in the GCSE exam. Sometimes you have questions in English to answer in English, sometimes there are French questions requiring French answers. But there are also other kinds of exercises such as multiple-choice, matching sentence completion and true/false. In each case, make sure you understand what you have to do and read the questions carefully. The exercise will usually start with an example and referring to this is probably the best way of finding out how to proceed.

When you have finished an exercise or a group of exercises, check the answers in the back of the book to see how you have done. Note that the answer section cannot give every possible answer – these are sample answers giving you an idea of what is required. If you have scored enough to reach the satisfactory mark (indicated by the O.K. logo 👍) tick the corresponding box on the Progress Sheet on page 122. Read the tips and find out where you went wrong and how you can avoid similar errors in the exam. If you score satisfactory marks on all the exercises in a particular part of a unit, have a go at the next section, which targets even higher grades. You will probably need to spend 20 to 25 minutes on each section. When you have finished, check your answers before looking at the mark scheme.

Take your time when reading a text. On longer exercises especially, read the text carefully. Give the questions a first read and then re-read the text before you even attempt to answer. Remember that the questions are in the order that you find the information in the text, so you will find the information for the first question quite near the start of the text and so on.

When writing answers in French, remember that fully accurate answers are not expected, nor are complete sentences. The essential thing is to communicate the required information. If the answer requires a number, a time or a price, write them as a figure rather than writing them in words in French.

All examination groups allow you to use a bilingual dictionary in the reading examination, but remember that each time you look up a word it slows you down! So *don't* look up every word that you don't know in a text – you may not need it for the question anyway. *Do* however look up words of which you may be unsure in the questions so that you know exactly what is being asked. Use the dictionary as a last resort, in an emergency. Learn vocabulary as you study, especially the exercise instructions – in this way your dictionary could remain unopened! And be sure to use a dictionary with which you are familiar.

Lastly, don't forget to write your answers on paper and not in the book!

Bon courage – et bonne chance!

Exercice 1

Mon animal domestique

Fais des paires.

Exemple: (J'ai un cochon d'inde.)   _____D_____

1 (J'ai un lapin blanc.)   _____

2 (J'ai un chat noir.)   _____

3 (J'ai un chien. Il est méchant.)   _____

4 (J'ai un cheval, il est très grand.)   _____

5 (Moi, j'ai une souris grise.)   _____

A   **B**   **C**   **D**

E   **F**   **G**

➡ PAGE 103

TOTAL 5 MARKS

Lis cette lettre.

Salut!

Je m'appelle Alain. J'ai seize ans et la date de mon anniversaire est le trois février. J'habite à Nîmes avec ma mère, Anne, qui a trente-neuf ans et ma sœur, Emilie, qui a dix ans. Mes parents sont divorcés.

Emilie est amusante. Elle est petite et elle a les cheveux longs et blonds. Moi, j'ai les cheveux courts et noirs et je porte des lunettes. Je suis assez grand et je suis sportif: j'adore la natation.

A bientôt,

Alain

Coche la bonne case.

Exemple: Alain a . . . **A** 15 ans   **B** 16 ans ✓   **C** 17 ans

1 Alain habite avec:

2 Sa mère a quel âge?
   A 33 ans   **B** 36 ans   **C** 39 ans

3 Comment est Emilie?

4 Comment est Alain?

5 Alain aime. . .

A 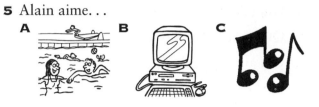 **B** **C**

➤ PAGE 103

TOTAL 5 MARKS

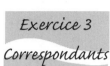

Exercice 3

Correspondants

Lisez les annonces.

J'ai 16 ans et je voudrais un correspondant de mon âge qui habite au Québec ou en Suisse, et qui aime la musique, le ski, la nature et le dessin.
Céline, Archiac, France.

J'ai quinze ans et je cherche à correspondre avec une jeune fille de mon âge des Etats-Unis. J'aime la musique, la gymnastique et la lecture.
Marjorie, Nice, France.

Salut! Moi, j'ai 14 ans et je voudrais correspondre avec un garçon ou une fille qui habite en Ecosse. J'adore faire des promenades avec mon chien et je fais de l'équitation.
Julien, Villars, France.

J'ai 15 ans et j'adore le théâtre et le cinéma. Je déteste le sport. Je voudrais un correspondant qui habite en Angleterre.
Alex, Lausanne, Suisse.

Bonjour! J'ai 16 ans et j'habite en Guyane Française. J'aime regarder la télévision, nager et surfer l'Internet.
Marie-Amandine,
Cayenne, Guyane.

Regardez les questions. C'est qui?
Ecrivez le nom de la personne.
VOUS POUVEZ ECRIRE UN NOM PLUSIEURS FOIS.

Exemple: Qui voudrait écrire à une Américaine?   Marjorie

1 Qui n'aime pas le sport?

2 Qui aime l'informatique?

3 Qui voudrait un correspondant écossais?

4 Qui aime lire?

5 Qui aime faire du cheval?

(Continues . . .)

6 Qui voudrait une correspondante Canadienne ou Suisse?

7 Qui aime la natation?

PAGE
103

8 Qui aime regarder les films?

TOTAL 8 MARKS

Section Two

Exercice 1

Lettre à un magazine

Lisez cette lettre.

Je t'écris car j'en ai assez.

Ma sœur, Yasmine, qui a un an et demi de moins que moi est ma copie double. Dès que j'aime une chanson, elle l'adore! Un jour, je parle à ma mère d'une salopette en jean que j'aimerais achctcr. Deux jours plus tard, j'entends ma sœur dire qu'elle désire une salopette en jean (quelle coïncidence!). Je veux des Kickers – elle aussi! Elle veut des Kickers bleus et rouges et moi, rouges. Mais que faire? Je ne suis plus unique, j'ai une copie double! Réponds-moi vite pour m'aider! Merci.

Angélique

Répondez aux questions en cochant la case Vrai ou Faux.

	VRAI	FAUX
Exemple: Angélique est heureuse en ce moment.		✓
1 Angélique trouve sa sœur adorable.		
2 Yasmine veut imiter le style de sa sœur.		
3 Yasmine a pris les vêtements de sa sœur.		
4 Yasmine voudrait des Kickers rouges et bleus.		
5 Angélique veut être originale.		

PAGE
103

TOTAL 5 MARKS

Exercice 2

La vie de famille

Lis cet article.

Remplis les blancs.

Choisis le mot approprié dans la liste.

Exemple: Je fais partie d'une (1) <u>grande</u> famille.

Je m'appelle Célestine. J'ai 15 ans et je fais partie d'une (1) <u>grande</u> famille – on est 6 à la maison – mes parents, 2 frères (2) _____ (16 et 17 ans) et une sœur cadette, Marine, qui a (3) _____ ans.

Mes parents sont (4) _____. Je m'entends bien avec eux mais mon père est (5) _____ – il n'aime pas me donner la permission de sortir le soir avec mes (6) _____ . Il laisse sortir mes frères mais moi, c'est (7) _____ . Ma mère est super sympa – je lui parle de tout mais elle (8) _____ beaucoup et elle rentre très fatiguée. Moi, j'essaie d'aider ma mère un peu mais mes frères, eux, ne font (9) _____ . C'est pas juste.

Ma petite sœur Marine est gentille mais je suis obligée de (10) _____ une chambre avec elle. Ça ne me plaît pas.

Mais, j'aime faire partie d'une grande famille. Je ne suis jamais seule. Je ne voudrais pas être fille (11) _____ .

Liste

aînés	différent	~~grande~~	partager	strict
amis	dix-neuf	horribles	petite	travaille
beaucoup	gentils	neuf	rien	unique

TOTAL 10 MARKS

PAGE 103

Section Three

Lis cet article.

Nom: **Faudel**

Age: **vingt ans**

Profession: **chanteur de raï (musique algérienne)**

Son enfance

Faudel n'a pas vu le jour en Algérie mais en France à Mantes-la-Jolie, près de Paris. Son père, à la retraite, était ouvrier chez Renault, sa mère nettoyait des bureaux. Faudel a grandi avec ses quatre frères dans une atmosphère protégée. "Mes parents m'ont toujours interdit de sortir tard le soir", se souvient-il.

Ses débuts

Le jeune Faudel a passé ses étés en Algérie. C'est sa grand-mère (chanteuse de raï traditionnel) qui lui a donné le goût de la musique. Toute la famille faisait de la musique ensemble et lui, il a chanté avec sa grand-mère à l'occasion d'un mariage.

A 12 ans, il a formé son groupe pour chanter et puis, à 18 ans, il a laissé tomber ses études de comptabilité.

Aujourd'hui

Faudel est devenu un vrai artiste. Il a chanté avec de grandes artistes et il a un contrat avec une maison de disques. Ses chansons parlent d'amour et de tout ce qui l'entoure.

Ses ambitions

Il voudrait vivre à la campagne et offrir une maison à sa mère. "Pour l'instant, c'est mon petit frère Kader, 8 ans, que je gâte. Je veux qu'il profite de ce qui m'a manqué à son âge."

Réponds aux questions en cochant la case appropriée.

Exemple: Faudel a . . .

    A 15 ans   **B** 20 ans ✓   **c** 25 ans

1 Faudel est né ...
    A en Algérie   **B** à Paris   **c** en France

2 Que faisait sa mère comme travail?
    A Elle travaillait chez un fabricant.
    B Elle était femme de ménage.
    c Elle était ménagère.

3 Quel souvenir garde-t-il de ses parents?
   A Ils ne savaient pas ce qu'il faisait.
   B Ils l'encourageaient à sortir tard le soir.
   C Ils voulaient l'empêcher de sortir tard.

4 Où Faudel passait-il ses vacances quand il était plus jeune?
   A Chez lui, en France.
   B Chez sa mère en Algérie.
   C Chez sa grand-mère.

5 A l'âge de 18 ans Faudel ...
   A a renoncé à ses études.
   B a commencé des études musicales.
   C est devenu un vrai artiste.

6 A l'avenir, que voudrait faire Faudel?
   A Vivre avec sa mère à la campagne.
   B Gâter son petit frère.
   C S'éloigner de la ville.

> **PAGE 104**

TOTAL 6 MARKS

Exercise 2

Ma vie à 15 ans

Read the following article and answer the questions in English.

> On était toute une bande de copains aux Lilas où je vis toujours, et on se retrouvait sur les pelouses derrière les immeubles pour discuter pendant des heures. On parlait beaucoup de politique. A l'école, c'était une année importante – je préparais un examen pour devenir institutrice mais l'année suivante, j'ai raté l'examen et j'ai dû commencer à travailler dans une banque.
>
> Ma famille était dans une situation difficile – je n'avais pas assez d'argent pour continuer mes études. On était trois enfants. Ma mère ne travaillait pas et mon père faisait des petits boulots. Il y avait constamment des problèmes de survie à la maison ... comment payer l'électricité, les vêtements, la nourriture? C'était dur. Alors, je n'avais pas de distractions coûteuses. Je voyais les copines, je leur racontais mes problèmes et je dansais, mais je n'allais pas au cinéma. Je n'avais pas de rêve – juste l'espoir d'avoir un métier. Ma seule évasion, c'était les livres ... et je les dévorais.
>
> Arlette

7

1 What was Arlette's main topic of conversation with her friends?

2 Why did Arlette start work at the bank? (Give two reasons.)

3 Why did Arlette have difficulties at home?

4 What effect did her family problems have upon her free time activities?

PAGE
104

5 How did Arlette escape from the pressures of life as a 15 year old?

TOTAL 6 MARKS

Exercice 3

Les opinions des jeunes

Lisez les opinions de 7 jeunes. C'est comment vos 15 ans?

15 ans, c'est la naissance d'une nouvelle vie. Il y a tant de choses à vivre et à faire: je me demande si je vais avoir le temps de m'ennuyer et de tout faire.
Anne

J'ai 15 ans et je trouve ça nul. J'attends avec impatience le jour de mes 16 ans. Je ne peux rien faire à 15 ans. A 16 ans, c'est génial: on peut conduire et on a le droit d'entrer en boîte . . . on est plus libre.
Eric

A 15 ans, on n'a pas beaucoup de responsabilités et pas autant qu'à 30 ou à 40 ans. OK, la vie n'est pas rose mais qu'est-ce que ce sera à 50 ans? A mon avis, on regrettera nos 15 ans.
Gaëlle

Avoir 15 ans c'est avoir des fous rires en classe, partager l'amitié, les secrets, c'est aussi se fâcher contre les parents, nos frères et sœurs qu'on aime pourtant mais qui sont trop présents.
Augustin

Il n'est pas facile d'avoir 15 ans. On dit "c'est l'âge des sorties et de son premier amour" mais ce n'est pas que ça. On découvre beaucoup. On ouvre les yeux et on se révolte contre les adultes, les guerres, la faim. Moi, tout ce que je découvre ne me plaît pas.
Laurent

Moi, j'ai 15 ans et j'en ai marre. Mes parents me considèrent encore comme un bébé. Je n'ai le droit d'aller ni au cinéma le soir, ni toute seule en ville avec une amie. Toute seule, je m'ennuie!
Laëtitia

J'ai 15 ans et la vie est belle. Je suis heureuse d'être jeune et de pouvoir profiter de ma vie de lycéenne. J'ai tout l'avenir devant moi, c'est fantastique!
Cindy

Section Three

Lisez les affirmations et écrivez le nom approprié.

Exemple: C'est l'âge de la découverte mais aussi de la révolte.
Laurent

Affirmations	*Nom*
1 Si on est plus âgé/e, on a plus de responsabilités.	_____
2 J'aimerais une vie plus privée chez moi.	_____
3 Si on est plus âgé/e, on a plus de liberté.	_____
4 A cet âge, il est difficile de s'ennuyer.	_____
5 Je suis optimiste . . . je suis content/e d'avoir 15 ans!	_____

TOTAL 5 MARKS

PAGE
104

Ecris le numéro de la pièce

Exemple: le garage = 7

1 la cuisine =

2 la chambre =

3 la salle de bains =

4 le jardin =

5 la salle de séjour =

6 le bureau =

TOTAL 6 MARKS

Regardez le plan de la ville.

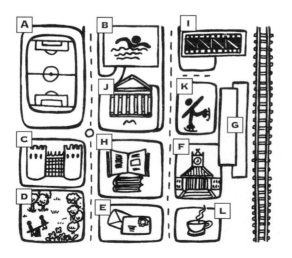

PAGE 104

UNIT 2 AT HOME
Section One

Lisez 1–7 et choisissez la bonne lettre.

Exemple: Je veux visiter le musée = J

1 Je veux voir un film =

2 Je vais nager =

3 Je vais manger un sandwich =

4 Je veux visiter le château =

5 Je vais jouer au foot au stade =

6 Je vais prendre un train =

→ PAGE 104

7 Je veux aller à la patinoire =

TOTAL 7 MARKS

Exercice 3

Chez moi

Lisez cette description.

> Je m'appelle Thierry. J'habite dans un appartement près de la ville de Sète, au bord de la mer.
>
> Mon appartement est au deuxième étage. Il y a un salon, une grande cuisine avec un coin salle à manger, une salle de bains et trois chambres. Ma chambre est cool: elle est noire et blanche. Il y a un lit, un canapé, des placards et une table. J'ai un ordinateur dans ma chambre et un lecteur de CD mais je n'ai pas de télé. Je voudrais une télé pour mon anniversaire.
>
> Dans le salon nous avons un magnétoscope et le samedi je regarde souvent des vidéos avec mes copains. J'invite souvent mes copains chez moi, on bavarde et on fait des jeux-vidéo.
>
> Je suis bien chez moi. Le seul inconvénient c'est qu'il n'y a pas de jardin, on a un balcon, c'est tout.

Cochez la bonne case.

Exemple: Où habite Thierry?

11

1 Où est l'appartement de Thierry?

A   B   C

2 Comment est l'appartement de Thierry?

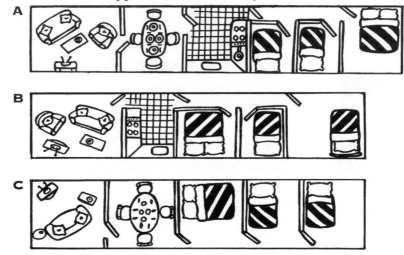

A

B

C

3 Dans la chambre de Thierry il y a

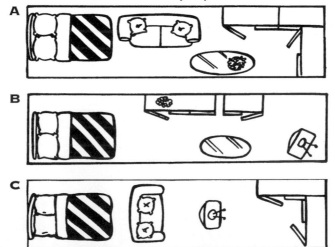

A

B

C

4 Qu'est-ce qu'il voudrait pour son anniversaire?

A   **B**   **C**

5 Que fait Thierry avec ses amis?

A   **B**   **C**

6 Chez Thierry il y a . . .

A   **B**   **C**

➡ PAGE 105

TOTAL 6 MARKS

Quelles tâches ménagères faites-vous?

Lisez ces réponses.

Moi, j'aide beaucoup. En rentrant du lycée je commence à préparer le dîner (mes parents rentrent tard). De temps en temps, je fais aussi la vaisselle avec ma sœur. . . .

Delphine

Je ne rentre jamais avant 6 h du soir puis j'ai toujours plein de devoirs à faire. Mes parents m'obligent quand même à débarrasser la table après le dîner . . . et je dois aussi promener notre chien le samedi. . . .

Guy

Moi, je crois que j'aide beaucoup. Je range ma chambre le samedi et j'aide mon père à faire les courses. Je trouve ça nul . . . mais on est 5 à la maison . . . alors c'est à tout le monde de donner un coup de main.

Jean-Luc

Oui, j'aide un peu chez moi. Je mets la table et de temps en temps je passe l'aspirateur. Ma sœur a choisi de nettoyer la salle de bains . . . heureusement pour moi . . . je n'aimerais pas faire ça!

Bruno

On a un lave-vaisselle à la maison, alors après les repas je mets tout à la machine et je la mets en marche. Je sors aussi la poubelle pour mes parents.

Sylvie

Moi, je fais le repassage deux fois par semaine . . . et je range le salon le samedi.

Elena

Choisissez les bonnes lettres pour chaque personne.

Exemple: Elena   = C   + G

Delphine = _____ + _____

Guy   = _____ + _____

Jean-Luc = _____ + _____

Bruno   = _____ + _____

Sylvie   = _____ + _____

PAGE 105

TOTAL 10 MARKS

Exercice 2

La routine quotidienne

Ma routine quotidienne

Je m'appelle Isabelle et je travaille comme assistante française dans un collège en Angleterre. Je suis originaire de la ville de Lyon et je suis arrivée en Angleterre il y a 15 jours. Je trouve la routine ici très différente de ma routine en France.

A Lyon je me levais à 7h tous les jours et je prenais mon petit déjeuner vers 7h 30 après ma douche matinale. Je prenais du chocolat chaud et des tartines. A 8h je quittais mon appartement (que j'occupais avec 2 copines) pour prendre le bus à 8h 10. Je mettais 20 minutes pour arriver à la faculté. J'avais cours jusqu'à 17h. A la fin des cours tout le monde se réunissait au café pour prendre un verre avant de rentrer.

Lisez ce deuxième texte et regardez la liste des mots ci-dessous. Ecrivez dans la case la lettre du mot qui correspond.

Isabelle est <u>C (venue)</u> en Angleterre pour (1) _____ le français dans un collège. Elle est (2) _____ à Lyon en France. Elle est arrivée ici il y a (3) _____ semaines. Elle (4) _____ que la vie ici est très différente de sa vie en France. (5) _____ matin elle se levait à 7h puis elle (6) _____ une douche avant de prendre son petit déjeuner. Elle (7) _____ du chocolat chaud et mangeait des tartines. Elle (8) _____ avec deux copines. Le (9) _____ , elle prenait le bus à 8h 10 et elle (10) _____ à l'université à 8h 30. Ses cours (11) _____ à 17h. Après, elle (12) _____ au café avec ses copains.

A	née	**F**	prenait	**K**	allait
B	buvait	**G**	commençaient	**L**	arrivait
C	~~venue~~	**H**	deux	**M**	chaque
D	matin	**I**	finissaient	**N**	habitait
E	enseigner	**J**	trouve	**O**	descendait

PAGE 105

TOTAL 12 MARKS

Exercice 1

Isabelle

Lis le texte.

Isabelle, assistante française dans une école en Angleterre parle de sa vie en France.

Quand j'étais étudiante en France, mes cours finissaient vers 17h et après j'allais au café avant de rentrer. Puis on rentrait, mes deux copines et moi, pour préparer le dîner. Si on avait assez d'argent on allait dîner en semaine à un petit restaurant. Le samedi on allait souvent chez des amis et on mangeait ensemble. C'était génial!

Le samedi matin on faisait la grasse matinée, puis l'après-midi on faisait le ménage. On partageait les tâches, toutes les trois on nettoyait la cuisine, on faisait les courses et on essayait de mettre un peu d'ordre. La vie ici en Angleterre me plaît, mais j'ai du mal à m'habituer à certaines habitudes, par exemple les heures des repas et . . . franchement au début, mes amies me manquaient. Il me faudra encore du temps pour m'habituer à la vie anglaise, et au temps anglais – je le déteste, j'ai toujours froid!

Réponds aux questions en choisissant la bonne lettre.

Exemple: Le soir, avant de rentrer, Isabelle ...
   A préparait le dîner
   B faisait des courses
   C allait au café ✓

1 Quand elle avait peu d'argent elle mangeait ...
   A en ville
   B au restaurant
   C chez elle

2 Le week-end elle dînait ...
   A chez ses parents
   B chez elle avec des amis
   C chez des copains

3 Le samedi matin elle ...
   A se levait tôt
   B se levait tard
   C faisait le ménage

(Continues . . .)

4 Elle faisait le ménage ...
  A toute seule
  B avec ses 3 amies
  C avec ses 2 copines

5 Elle a de la difficulté ...
  A à parler anglais
  B à s'habituer aux repas anglais
  C à manger à l'heure anglaise

6 Qu'est-ce qui manque à Isabelle?
  A la chaleur
  B ses amis
  C la nourriture française

➡ PAGE 105

TOTAL 6 MARKS

Exercice 2
Strasbourg

Lis cet article.

Ma ville – Strasbourg

Moi, je suis très contente d'habiter ma ville. J'habite Strasbourg et c'est une très belle ville d'environ 290 000 habitants. Elle est située près de la frontière allemande. J'habite près de la Place Kléber, la plus grande place de Strasbourg, au centre de la ville moderne; on y trouve beaucoup de commerces. C'est un quartier avec plein de choses à faire et j'y vais souvent avec mes amis. On ne s'ennuie pas ici! Ce qui est beau aussi dans ma ville, c'est qu'il y a de très anciens quartiers. Il faut surtout visiter le quartier qui s'appelle La Petite France, au bord de la rivière Ill avec ses petites rues et ses jolies maisons qui datent du 16ème siècle – c'est très pittoresque. On peut aussi visiter la cathédrale de Strasbourg et plusieurs musées. C'est agréable, ici, on peut se promener tranquillement en ville car il y a beaucoup de rues piétonnes.

Strasbourg a aussi son côté moderne. Il va y avoir bientôt plus de 300 km de pistes cyclables – ici on roule ''vert'' et on a un beau tramway qui est très efficace. On espère ainsi limiter la pollution. En septembre 98 la mairie a eu l'idée de limiter la circulation en ville et cela a été un grand succès. Ma ville me plaît, je ne voudrais pas vivre ailleurs!

Anne

Coche la case Vrai ou la case Faux.

	VRAI	FAUX
Exemple: Anne est ravie d'habiter à Strasbourg.	✓	
1 A Strasbourg il y a plus de 280 000 habitants.		
2 Anne habite près de l'Allemagne.		
3 Anne habite un ancien quartier.		
4 La Place Kléber est très animée.		
5 La Petite France est un quartier moderne.		
6 On a fait construire certaines maisons dans les années 1600–1699.		
7 La voiture est interdite dans certaines rues.		
8 Le vélo devient plus important à Strasbourg.		
9 On va faire construire un tramway.		
10 La mairie pense qu'il y a trop de voitures en ville.		

➡ PAGE 106

Exercise 3
Madagascar

The Island of Madagascar, 500 km to the east of Africa and with 13 million inhibitants was under French control from 1895–1960. Since 1960 it has been an Independent Republic.

Read the following letter to a magazine.

Je suis indignée.

Je t'écris à propos de ton reportage sur Madagascar. Je suis indignée car tu n'y as décrit que les côtés négatifs de la vie à Madagascar. En lisant ton reportage, j'ai eu l'impression que c'est le pays le plus arriéré et que les habitants sont tous des "non-civilisés".

C'est vrai que Madagascar est l'un des pays les plus pauvres au monde, mais il ne faut pas croire que tous les gens vivent comme au Moyen Age. Ton article ne décrit que partiellement la vie à Madagascar: celle des gens des campagnes les plus reculées. Ces gens constituent peut-être la majorité de la population malgache, mais pourquoi n'as-tu pas parlé de la vie de l'autre partie?

Bien sûr, il existe malheureusement de nombreux bidonvilles et de nombreux mendiants. Même si Madagascar est un des pays les plus pauvres, c'est un pays qui possède de nombreux charmes. Par exemple les magnifiques plages, une variété de plantes et d'animaux qui ne vivent qu'à Madagascar . . . La liste est longue. Je peux te dire que j'aime vivre à Madagascar.

Andry Malala

Answer the following questions in English.

1 How does Andry feel at the moment?

2 Why does she feel like this? (give two reasons).

3 What does Andry say about Madagascar's economic situation?

4 What did the article choose to focus on?

5 What did this article miss out?

6 Give 2 examples of life in Madagascar of which Andry is not proud.

7 Give 2 of Madagascar's attractions according to Andry.

PAGE 106

TOTAL 10 MARKS

Exercice 1

Des activités

A

Équitation
Club Hippique Dorziat
Tous les jours de 8h 30 à 20h

B

Golf
Golf du Phare
7h 30 à 20h

C

Promenades en montagne-randonnées

Club
Alpin   **4 rue Lormond**

D

Patinoire
Esplanade de la Barre-Anglet
Du lundi au samedi 15h–23h 30

E

Piscine
Piscine municipale couverte
Tous les jours de 9h à 19h

F

pLaNChe À voiLe

Ecole de voile internationale

Cours tous les jours

G

Tennis
Parc des Sports
(14 courts) leçons t.l.j.

H

Pêche en mer

renseignements à l'Office de Tourisme

Ecris la bonne lettre.

Exemple:

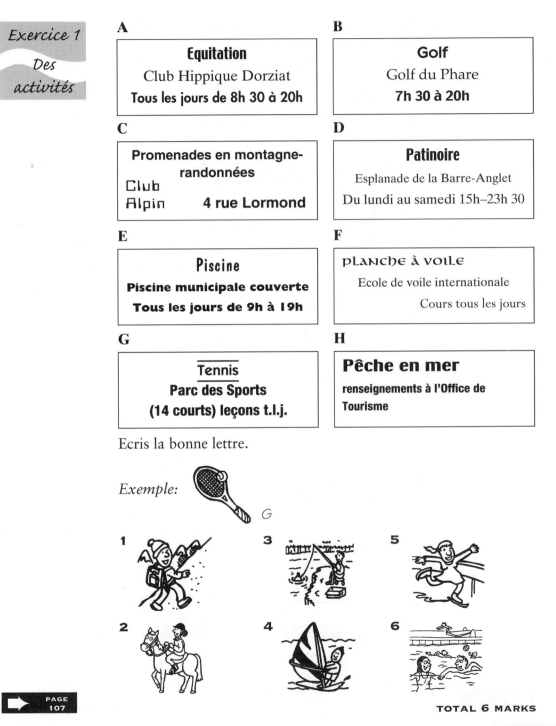

G

1

2

3

4

5

6

PAGE
107

TOTAL 6 MARKS

Sophie: Moi, j'adore les films d'amour et comme star Leonardo di Caprio me plaît beaucoup.

Nicolas: J'aime beaucoup les films de guerre, par exemple *Il faut sauver le soldat Ryan* de Spielberg est très bon.

Renaud: Moi, j'adore les films d'horreur.

Jeanne: Moi, j'aime beaucoup les comédies. Mon acteur préféré c'est Jean Réno. Il joue bien.

Cécile: Je préfère surtout les films d'action et les films policiers ... par exemple avec Mel Gibson.

Alex: Moi, j'adore les dessins animés. Ma sœur aussi, elle a vu *Le Roi Lion* 5 fois!

Guy: Moi ... les films historiques me plaisent. Demain, je vais voir un film qui s'appelle *Les Misérables*.

Marianne: La fantaisie me plaît et j'adore les films de science fiction. J'adore les films dans la série *La Guerre des Etoiles*.

Regarde la grille.

Ecris le nom de la personne.

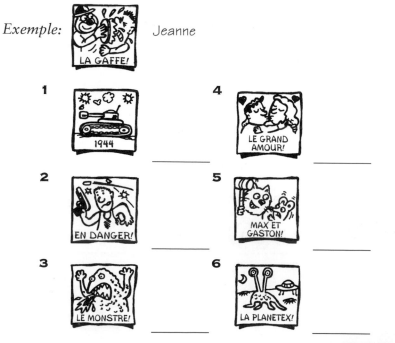

Exemple: Jeanne   LA GAFFE!

1   1944 _____   4   LE GRAND AMOUR! _____

2   EN DANGER! _____   5   MAX ET GASTON! _____

3   LE MONSTRE! _____   6   LA PLANETEX! _____

PAGE 107

TOTAL 6 MARKS

Exercice 3

Les loisirs

Lis le texte.

> *Mes Loisirs*
>
> Je m'appelle Sylvie. J'ai 15 ans et je suis très sportive: la natation me plaît beaucoup et je joue au tennis. Le soir, à la maison je regarde la télévision et j'écoute de la musique. Je lis beaucoup: j'aime bien les livres d'aventure et je collectionne les bandes dessinées d'Astérix, j'en ai 24! J'aime aussi faire du vélo avec mes copains.
>
> Le samedi, je vais aux magasins faire du shopping et le dimanche, je fais du cheval.
>
> En été quand je vais aux bord de la mer, j'aime faire de la planche à voile. Pour moi, le sport est très important.

C'est vrai ou faux?

Coche la bonne case.

	VRAI	FAUX
Exemple: Sylvie aime faire du sport.	✓	
1 Sylvie aime nager.		
2 Elle aime jouer de la guitare.		
3 La lecture lui plaît.		
4 Elle aime dessiner.		
5 Le week-end elle fait de l'équitation.		
6 Pendant les vacances elle fait de la voile.		

PAGE 107

TOTAL 6 MARKS

Lisez cet article.

D'où vient le BMX?

C'est pour leurs enfants trop petits pour les motos que les pilotes de moto-cross américain ont inventé le BMX au début des années soixante-dix.

C'est le film *ET* où le héro n'est jamais séparé de son vélo qui a popularisé le BMX en Europe et dans les années quatre-vingts la popularité du BMX a explosé. Le BMX est devenu un sport officiel reconnu par la Fédération francaise de cyclisme.

Où pédaler?
Dans certaines villes.
Beaucoup de mairies ont fait des circuits de BMX.
Pour des renseignements téléphoner à la Féderation française de cyclisme 01 49 35 69 05

Quel vélo?
Un vélo très simple à partir de 1500F est suffisant.

Protection.
Gants et pantalon renforcés même pour les débutants (de 400 à 600F). Si on entre sur un circuit le casque est obligatoire (à partir de 500F).

Choisissez la bonne lettre.

Exemple: On pratique le BMX avec ...
   A un vélo   ✓
   B une moto
   C un vélomoteur

1 Qui a inventé le sport?
   A Des Français
   B Des Américains
   C Des pilotes d'avion

2 Quand est-ce qu'on a inventé le BMX?
   A de 1970 à 1975
   B de 1975 à 1980
   C de 1980 à 1990

3 Qu'est-ce qui a causé la popularité du BMX?
   A la Fédération française de cyclisme
   B un film
   C le prix des vélos

4 Pour avoir des renseignements sur les circuits de BMX on peut ...
   A aller à la mairie.
   B téléphoner à l'association "BMX".
   C contacter la Fédération de cyclisme.

5 Sur un circuit de BMX, on doit porter ...
   A des gants
   B un pantalon
   C un casque

PAGE
107

TOTAL 5 MARKS

Exercice 2
Une lettre
à Sandrine

Lis cette lettre.

Chère Sandrine,

Ça va? Moi, j'ai passé un week-end formidable! Le vendredi, à la sortie du collège je suis allée au café avec mes copains et j'ai commencé à parler avec Thierry, le frère de Yasmine. J'ai joué au flipper avec lui et on a beaucoup parlé du cinéma, de l'Internet et de la musique . . . bref, on a les mêmes intérêts, c'est génial. En plus il est mignon. Il est grand, blond et a de très beaux yeux! Il m'a invitée à aller au cinéma avec lui samedi soir . . . c'était chouette . . . puis on est allé manger une pizza. Je suis rentrée à minuit avec 30 minutes de retard (et mes parents n'étaient pas contents). Ils m'ont dit "Pourquoi est-ce que tu ne nous a pas téléphoné?" Je leur ai répondu que la batterie de mon téléphone portable était à plat. (Quelle excuse!).

Hier je suis encore sortie avec Thierry – on est allé se promener au jardin public et après on est passé chez Maxime écouter ses C.D.

Bon, je te quitte – cette semaine sera longue (vendredi prochain je vais à une boum avec Thierry!).

Bisous

Axelle

Lis ces phrases et remplis les blancs.

Choisis le bon mot de la liste ci-dessous.

Exemple: En ce moment Axelle est très <u>heureuse</u>.

Axelle a un (**1**) _____ copain.

Vendredi dernier elle est (**2**) _____ au café et elle a
(**3**) _____ Thierry.

Comme Axelle, Thierry aime le cinéma et la musique, ils ont les
mêmes (**4**) _____ .

Axelle pense qu'il est très (**5**) _____ .

Samedi, elle a (**6**) _____ un film avec lui, puis ils ont
(**7**) _____ ensemble au restaurant.

Malheureusement, ses parents n'étaient pas (**8**) _____ car elle
est (**9**) _____ tard et elle a (**10**) _____ de leur téléphoner.

Le lendemain, (**11**) _____, elle a revu Thierry. Ils ont fait une
(**12**) _____ puis ils ont écouté de la (**13**) _____ .
La semaine prochaine, elle a l'intention de (**14**) _____ de
nouveau avec Thierry.

Liste

mangé	ont	fini
sortir	contents	voulu
~~heureuse~~	tu	musique
nouveau	beau	vieux
promenade	rentrée	invité
vu	goûts	dimanche
rencontré	oublié	allée

PAGE
107

TOTAL 7 MARKS

Exercise 1

Dr Dolittle

Read the following film criticism.

Dr Dolittle

L'histoire extravagante d'un docteur qui comprend le langage des animaux. Une comédie sympathique avec Eddie Murphy.

L'histoire
Le Dr Dolittle est un jeune et brillant médecin. Un beau jour, au volant de sa voiture, il renverse un chien. Le chien se relève et lui dit "La prochaine fois regarde où tu vas, tête d'œuf". Dolittle réalise à quel point la situation est extraordinaire: il comprend le langage des animaux! Et le voilà poursuivi d'animaux qui demandent de l'aide.

La comédie
Dolittle est un médecin bien intégré, bon père de famille et mari. Il possède un don spécial, il peut comprendre les animaux et nous, le public, nous en profitons aussi, nous entendons les animaux.

Le comique vient du bruit qui, soudain, est dans la vie de Dolittle. Les animaux sont aussi bruyants et bavards que les humains. Le comportement des animaux est comme le comportement des humains. Eddie Murphy est en pleine forme et on s'amuse bien.

Answer the following questions in English.

1 How is Dr Dolittle described? Give two details.

2 What was Dr Dolittle doing when he had his accident?

3 What did he realize when the accident happened?

4 What happened as a result of the accident?

5 What does the audience realize that they can do?

6 What do the animals in the film have in common with humans? (List three things.)

TOTAL 9 MARKS

PAGE 108

Exercice 2

Les jeux para-lympiques

Lisez l'interview et répondez aux questions en français.

Alain Marguerettaz, capitaine de l'équipe de France aux Jeux Olympiques pour handicapés.

Okapi: Vous venez de prendre part aux Jeux paralympiques à Nagano. C'est un événement important pour vous?

Alain Marguerretaz: Je suis un sportif, et à ce titre, Les Jeux sont un objectif unique, un sommet – on a remporté une victoire sur la vie. Pour ma part, j'ai 35 ans. Je suis tombé d'un pylône il y a 13 ans et depuis je suis paralysé des deux jambes et je suis donc dans un fauteuil roulant. Mais j'ai été plus fort. Et puis, les Jeux, c'est une reconnaissance. Notre image d'athlètes y est positive.

Okapi: Comment vous êtes-vous préparé?

AM: Cet été j'ai beaucoup travaillé ma condition physique en faisant du vélo à bras et depuis je me suis entraîné tous les jours avec les membres de l'équipe de France handisport mais aussi dans mon club en Savoie où je skie avec les valides. Il faut aussi se préparer mentalement aux Jeux, on a beaucoup de monde autour de soi, une énorme pression à surmonter. Pour ça il faut être fort dans sa tête

Okapi: Quelle ambiance y avait-il à Nagano?

AM: C'était sympa et grandiose. Nous avons habité dans le même village que les compétiteurs des Jeux olympiques – tout était beau et bien organisé. En plus, être capitaine de l'équipe de France a été un honneur pour moi. J'ai ressenti beaucoup de plaisir et une certaine fierté.

Exemple: De quoi Alain est-il capitaine?

L'équipe des athlètes français handicapés.

1 Qu'est-ce qu'Alain a fait à Nagano?

2 Quelle est l'importance des Jeux pour Alain?

3 Qu'est-ce qu'il a fait l'été dernier comme entraînement?

4 Expliquez la phrase "Je skie avec des valides"?

5 Pourquoi dit-il "Il faut être fort dans sa tête"?

6 Qu'est-ce qu'il a apprecié à Nagano?

7 De quoi était-il fier à Nagano?

TOTAL 7 MARKS

PAGE 108

Exercice 3

Elisabeth et le rugby

Lis cet article.

Elisabeth et le rugby

Non, le rugby n'est pas un sport réservé aux garçons!

Elisabeth, 14 ans, raconte sa passion pour le ballon ovale.

"Certains pensent que le rugby n'est pas un sport pour les filles mais moi je ne vois vraiment pas pourquoi!" Si tu ne veux pas mettre Elisabeth en colère, ne va surtout pas lui dire qu'elle ferait mieux de faire de la danse ou de la gym. . .

Au rugby les filles ont encore du mal à s'imposer, pourtant, ça fait presque dix ans que la Fédération de rugby les accueille. Elisabeth a connu des difficultés quand elle a commencé. Au début, raconte-t-elle, "je jouais à Dax avec les garçons. Mais ils ne me laissaient jamais participer aux matchs". Alors quand elle a appris qu'une école de rugby féminin ouvrait à Herm, près de Dax, elle n'a pas hésité à s'inscrire. Elle ne le regrette pas: "Là, il n'y a que des filles et on s'amuse vraiment".

Son entraîneur remarque: "Avec les joueuses, le ballon circule plus longtemps qu'avec les garçons". Malgré cela il leur arrive de se blesser et elle a déjà passé une nuit à l'hôpital "juste en observation", précise-t-elle.

Pour Elisabeth le rugby est une passion et aussi un héritage familial. Son oncle, Marc, jouait en équipe de France. Elisabeth préfère courir derrière ou à l'aile et elle adore marquer des essais.

Pour le moment, l'école de Herm n'a pas d'adversaires mais l'an prochain Elisabeth pourra entrer dans une équipe de la 2ème division nationale et elle pourra se lancer dans la compétition.

Trouve la fin de la phrase.

Exemple: Le rugby n'est pas . . . *un sport réservé aux garçons* (C)

1 Il ne faut pas dire à Elisabeth

2 Au début, elle n'avait pas le droit

3 En ce moment, elle fait

4 Son don pour le jeu vient aussi de

(Continues . . .)

5 Elisabeth aime surtout

6 Bientôt, elle aura le droit

A ses racines familiales.
B partie d'une équipe féminine.
C ~~un sport réservé aux garçons.~~
D de participer à des matchs nationaux.
E le côté physique du jeu.
F courir vite et marquer des buts.
G de pratiquer un autre sport.
H de participer aux matchs.
I de jouer avec des garçons.

PAGE 108

TOTAL 6 MARKS

Exercise 1

Au camping

You would like to go camping in France.

Read the advertisement.

> ## Camping les Criques***NN
>
> **Piscine – Jeux d'enfants – Restaurant – Parking**
> **Salle de télévision – Douches**
> **Emplacements à l'ombre – Boulangerie**
> **Animaux non admis**
> **69 emplacements (tentes)**
>
> ## Ouvert 1 avril – 30 septembre

What facilities are at the campsite?

Choose 5 pictures only.

Exemple: ✔

1   **2**   **3**

4 **5**  **6**

7 **8** **9**

 PAGE 109

TOTAL 5 MARKS

UNIT 4 HOLIDAYS

Section One

Exercice 2

La Météo

Choisis la bonne lettre pour chaque ville.

Exemple: A Lyon il fait un temps couvert   <u>C</u>

1 A Dijon il fait du vent   _____

2 A Calais il fait froid   _____

3 A Toulouse il pleut   _____

4 A Nîmes il fait soleil   _____

5 A Annecy il neige   _____

6 A Clermont Ferrand il y a de l'orage   _____

PAGE 109

TOTAL 6 MARKS

Exercice 3

Vacances à Arcachon

Lisez les publicités.

A

HÔTEL LE NAUTIC

A 50 mètres des ports de pêche et près des plages, hôtel sans restaurant.

Ouvert toute l'année – piscine.

44 chambres avec balcon et vue sur mer.

Garage et parking privé.

B Hôtel le Relais

Situé en centre ville en face de la gare SNCF.
Restaurant avec terrasse – spécialités de la région.

Ouvert 1er mai – a 5 octobre

C

Hôtel du Parc

Situé dans une vaste forêt, loin de la ville.
Chambres confortables avec TV, bain et WC.
Jardin et parking.
Tennis et équitation.

Ouvert 15 avril au 30 octobre.

Choisissez un hôtel pour chaque personne.

Exemple: Je voudrais un hôtel près du port   A

1 Moi, j'aime le confort et le calme.   _____

2 J'adore la bonne cuisine, j'aime manger en plein air. _____

3 Je voudrais une chambre avec vue sur mer. _____

4 Je veux aller en vacances le 15 mars. _____

5 Je voudrais faire du sport. _____

6 Je voyage en train, je veux un hôtel près de la gare. _____

7 Je veux une chambre avec salle de bains. _____

8 J'ai une voiture, je voudrais un hôtel avec un parking._____

TOTAL 8 MARKS

PAGE 109

Lisez ces publicités.

A

Au lac de Pannecière, dans le Parc Naturel de Morvan, perches et d'autres poissons font le bonheur des jeunes pêcheurs de 14 à 18 ans. Hébergement en camping du 14 au 17 juillet.
Tel. 03 86 38 11 07

B

Jean-Michel Largué enseigne l'art du ballon rond aux jeunes à Saint-Jean-de-Luz. 1700F le séjour du lundi au samedi.

C

Dans un beau domaine, 2 parcours (9 et 18 trous) et des stages de 5 jours à 3 semaines. On propose 3 heures de golf tous les matins. Du 28 juin au 31 août.

D

Au poney club de Saint Gervais-la-Forêt les 16–20 ans peuvent étudier l'anglais, l'allemand et l'espagnol. Travail en laboratoire par groupe de trois. Côté détente tennis et équitation. 15 juillet au 31 août.

E

Stage informatique – deux villes d'accueil au Canada et deux formules de séjour (en famille ou à l'auberge de jeunesse). Option Vacances vous invite à rester sur place 3 semaines. 45 heures d'informatique comprises.

F

En associant un circuit en car et une semaine en voilier ce "raid" de 18 jours au pays de l'eau des vélos, des moulins et des tulipes offre une approche originale de la Hollande. Hébergement en camping. Programme limité à 20 participants.

G

Une grande randonnée d'une semaine avec hébergement en camping invite un petit groupe à parcourir les sentiers des Pyrénées. Au programme, promenades, canyoning, canoë-kayak. Ce circuit est accompagné par un moniteur et guide natif du pays.

Section One

Choisissez le bon stage pour chaque image.

Exemple:

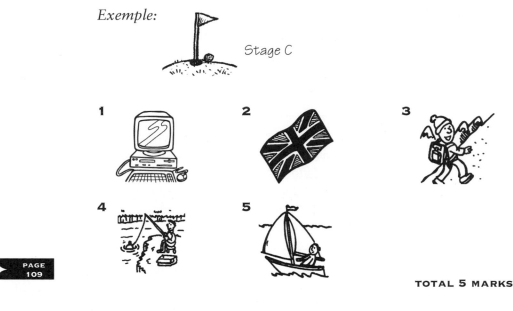

Stage C

1
2
3
4
5

PAGE 109

TOTAL 5 MARKS

Section Two

Exercice 2

On prend le train!

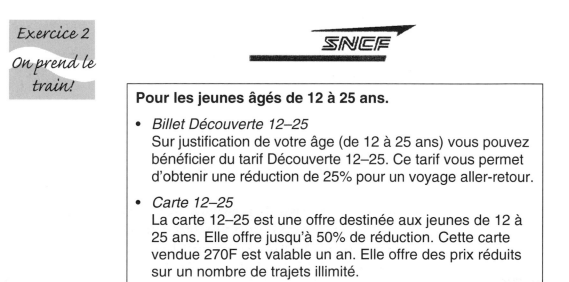

SNCF

Pour les jeunes âgés de 12 à 25 ans.

- *Billet Découverte 12–25*
  Sur justification de votre âge (de 12 à 25 ans) vous pouvez bénéficier du tarif Découverte 12–25. Ce tarif vous permet d'obtenir une réduction de 25% pour un voyage aller-retour.

- *Carte 12–25*
  La carte 12–25 est une offre destinée aux jeunes de 12 à 25 ans. Elle offre jusqu'à 50% de réduction. Cette carte vendue 270F est valable un an. Elle offre des prix réduits sur un nombre de trajets illimité.

(Continued . . .)

Pour ceux qui ont 60 ans et plus

- *Billet Découverte Senior*
  Sur justification de votre âge (60 ans ou plus) vous pouvez
  bénéficier du tarif Découverte Senior. Ce tarif vous permet
  d'obtenir une réduction de 25% pour un voyage aller-retour.

Pour tous

- *Découverte Séjour*
  Si vous faites un trajet allet-retour et si votre séjour
  comprend une nuit du samedi au dimanche vous pouvez
  bénéficier du tarif Découverte Séjour. Ce tarif offre une
  réduction de 25%.

- *Découverte à deux*
  Si vous faites un voyage aller-retour à feux vous pouvez
  bénéficier du tarif Découverte à deux. Ce tarif vous offre
  des réductions de 25%.

Regarde la grille.

Choisis le bon billet/la bonne carte pour chaque question.

Exemple:

Cliente	Age	Détails du voyage	Billet/Carte
Anne	13 ans	un voyage aller-retour à Paris	*Découverte 12–25*

Clients	Age	Détails du voyage	Billet/Carte
1 Mériem et Tahar	40 et 42 ans	un week-end à Lyon	....
2 Frank	17 ans	beaucoup de voyages à Paris pendant l'année à venir	....
3 Yves et Agnès	30 et 29 ans	une semaine à Bordeaux	....
4 Marcel	70 ans	un voyage aller-retour à Grenoble	....

PAGE
109

TOTAL 4 MARKS

Lis cette lettre.

Cassis, le 8 septembre

Chère Céline,

J'espère que tu as passé de bonnes vacances à La Baule. J'ai reçu ta carte, merci! Moi, j'ai passé le mois de juillet à travailler comme serveuse dans un café. C'était amusant, mais fatigant. Quand je ne travaillais pas, je sortais avec mes copains. On allait au cinéma ou en boîte et on se promenait dans le port – c'était cool et j'ai rencontré beaucoup de jeunes.

En août je suis allée chez ma correspondante espagnole. On s'entendait bien, elle est sympa, mais j'ai eu du mal à comprendre la famille – surtout son frère qui parlait vite. En plus, j'ai trouvé qu'on y mange très tard – j'avais toujours faim! On est allé à la mer, à Rosas, et on a visité Barcelone: j'ai adoré le quartier gothique et le musée de Picasso était super.

Demain, c'est la rentrée. Je passe en première, j'aurai du travail à faire!

Ecris-moi vite,

Hélène

Coche la case VRAI si l'affirmation est vraie. Coche la case FAUX si l'affirmation est fausse et corrige l'affirmation en français.

Exemple: Céline a passé ses vacances à Cassis.
    Céline a passé ses vacances à La Baule.

	VRAI	FAUX
Exemple		✓
1 Hélène est partie en vacances en juillet.		
2 Elle a travaillé à la caisse d'un café.		
3 En juillet Hélène est allée danser.		
4 Hélène ne comprenait pas le frère de sa correspondante.		
5 Elle avait faim en Espagne car elle n'aimait pas la nourriture.		
6 Hélène est rentrée en France pour travailler au café.		

PAGE 109

TOTAL 10 MARKS

Exercise 1

A letter of complaint

Read the following letter of complaint.

Montpellier, le 3 septembre

Monsieur,

Je viens de passer une quinzaine à votre hôtel du 15 au 30 août et j'ai le regret de vous informer que je suis peu satisfaite de mon séjour. Mon mari et moi avons passé deux semaines sans repos à cause de tout le bruit à l'hôtel. Pendant notre séjour il y a eu plusieurs soirées-disco et nous avons eu beaucoup de mal à nous endormir la nuit. Nous étions aussi réveillés à 7 heures du matin car l'hôtel faisait construire dans le jardin . . . en face de notre chambre!

Je dois aussi vous signaler que le service au restaurant n'était pas satisfaisant. La cuisine était d'une bonne qualité mais les garçons étaient souvent pressés et les repas étaient froids.

Notre chambre était propre mais la climatisation ne marchait pas et en arrivant nous avons trouvé que la salle de bains était sale et sans serviettes.

La publicité de votre hôtel annonce "un séjour tranquille et reposant" ce qui est loin de la vérité!

J'espère que vous ne tarderez pas à me rembourser une partie du prix du séjour.

Veuillez agréer, Monsieur, mes salutations distinguées.

Sabine Panis

Answer the questions in English.

1 What does Sabine give as her first complaint?

2 Explain the two causes of this problem.

3 What does Sabine say about the restaurant? (give 2 details)

4 What was wrong with the bedroom?

5 How does Sabine describe the hotel's advertising?

6 What does she expect the manager to do?

TOTAL 8 MARKS

PAGE
110

Lisez cet article.

Un écovillage en Picardie

A moins de deux heures de Paris, sur la côte picarde, bientôt (ouverture dans 6 mois) Belle Dune, un nouveau village de vacances conçu dans le respect de l'environnement. Ici, il n'y a pas d'immeubles, ils sont bannis. Place, en revanche, à des maisonnettes de toutes les couleurs, à un golf (18 trous), un club équestre, un lac, deux plages immenses. Sans oublier un aquaclub, lieu de toutes les réjouissances, avec bassin à vagues, toboggan géant, Jacuzzi, solarium... et nombre d'espaces pour les enfants: terrains de sport, salles de jeux. Enfin, côté hébergement (en studio, appartement ou maison individuelle), trois types de formules sont proposés: la semaine, le week-end (vendredi au lundi) et le mid-week (du lundi au vendredi). Les prix? Comptez à partir de 3570F la semaine pour un appartement, avec cuisine, salle de bains et deux pièces (salon + chambre) qui pourra accueillir 4 ou 5 personnes.

Répondez aux questions en choisissant la bonne lettre.

Exemple: L'écovillage se trouve ...
   A à Paris.
   B à Belle Dune.
   C près de la mer. ✔

1 L'écovillage ...
   A existe depuis 2 ans.
   B va ouvrir cet été.
   C a ouvert il y a 3 mois.

2 Qu'est-ce qui est différent dans ce centre de vacances?
   A Le nombre d'immeubles est limité.
   B On a évité de construire des immeubles.
   C Il y a un mélange d'immeubles et de maisonnettes.

3 Comment sont les maisonnettes dans l'écovillage?
   A Elles sont très colorées.
   B Elles sont cachées au milieu d'un bois.
   C Elles sont chauffées par l'énergie solaire.

4 Pour les sportifs, on propose ...
   A des sports d'hiver.
   B des concours de tennis et de golf.
   C des sports aquatiques.

5 En ce qui concerne les formules de vacances ...
A on peut cuisiner soi-même.
B la durée minimum d'un séjour est 5 jours.
C le prix minimum pour une semaine est 3570 francs par personne.

PAGE 110

TOTAL 5 MARKS

Exercice 3
Val d'Isère

Lisez cet article. Choisis le mot qui manque de la liste. Ecris le bon mot.

Val d'Isère, une station de ski toutes saisons. Plus haut, la neige est plus blanche et elle est aussi (1) _____ . Au fond de sa vallée, Val-d'Isère regarde avec fierté ses pentes et son choix de pistes. Glisse sans (2) _____ pour les skieurs moyens. Pour les (3) _____ de Pâques et jusqu'à la (4) _____ de la saison (le 3 mai) Val-d'Isère vous déroule le tapis blanc. Elle promet aussi des frissons aux (5) _____ du 2ème Festival du film d'aventure du 14–18 avril. Ensuite, place aux joies d'une randonnée à travers les (6) _____ et aux émotions d'une (7) _____ à V.T.T. Mais, si vous (8) _____ une remise en forme, participez au (9) _____ de fitness animé par les professeurs de step. Pour les (10) _____, descentes en eaux vives, pêche ou ski d'été sur le glacier de Pissailles. Les idées d'activités ne (11) _____ pas!

Exemple:

1 garantie   **5** _____   **9** _____

2 _____   **6** _____   **10** _____

3 _____   **7** _____   **11** _____

4 _____   **8** _____

Liste

forêts	vacances	possibilité	joueurs
lacs	préférez	promenade	marche
déceptions	~~garantie~~	autres	spectateurs
manquent	stage	danger	fin

PAGE 110

TOTAL 10 MARKS

Section One

A comprimés pour les maux de tête
B crème solaire contre les coups de soleil
C pastilles pour la gorge
D sparadrap
E pommade pour les yeux
F dentifrice
G crème contre les pîqures d'insecte.

Tu as besoin de quoi?

Ecris la bonne lettre dans la case.

Exemple			
F			

PAGE 111

TOTAL 6 MARKS

A Commissariat Central – Tél. 17.
B Médecin de garde des Pyrénéees Orientales SAMU – Tél. 15.
C Centre Hospitalier Maréchal-Joffre – Tél. 04.68.61.66.63.
D Sapeurs-Pompiers – Tél. 18.
E Pharmacie (lundi), Saint-Martin – Tél. 04.68.54.57.13.
F Pharmacie (nuit du lundi au mardi), Rullan – Tél. 04.68.52.71.41.
G Vétérinaire (20h à 8h) – Tél. 04.68.55.55.83.
H Dépannage–remorquage, Garage Pollestres – 04.68.85.33.71.

Which number should you phone?

Write the correct letter (A–G).

Exemple: I need to go to hospital. C

1 My dog is ill. _____

2 I need to contact the doctor on duty. _____

3 It's late at night, I need to get a prescription to the chemist's. _____

4 My car has broken down. _____

5 I need to phone the police to report a theft. _____

PAGE 111

6 There's a fire – I must phone the fire brigade. _____

TOTAL 6 MARKS

Exercice 3

Des problèmes de santé!

Encercle la phrase correcte.

Exemple: J'ai très mal. . . (aux dents)/au dos/au cou: je vais aller chez le dentiste.

1 Je suis enrhumé, j'ai mal. . . à la tête/au pied/à la main . . .et j'ai de la fièvre.

2 Je suis tombée de mon vélo et je me suis fait mal. . . à la main/à la jambe/à l'oreille . . .je ne peux pas marcher.

3 Je me suis coupé. . . le doigt/le bras/le genou . . .avec un couteau. Je ne peux pas écrire.

4 J'ai mal. . . à l'estomac/au genou/au dos . . .j'ai mangé beaucoup de glaces.

PAGE 111

5 J'ai mal. . . aux yeux/aux oreilles/aux dents . . .je ne vois pas très bien.

TOTAL 5 MARKS

Exercice 1

La Télécarte

Lis cette annonce.

France Telecom

Trouver le plus grand choix de télécartes ?

Télécarte 120

La "Télécarte"

– La "Télécarte" vous permet d'appeler n'importe quel numéro français ou étranger lorsque vous êtes en France.

– Vous pouvez établir vos communications à partir des cabines téléphoniques munies de publiphones à carte à mémoire en y introduisant votre "Télécarte".

– Pour téléphoner vers l'étranger (exemple pour l'Angleterre) composez le code 00 44 mais pas le 0 par lequel débute le numéro anglais.

Exemple: pour appeler le 01834 460529 composez 00.44 1834460529.

Les phrases sont vraies ou fausses?

Coche la bonne case.

Exemple: On peut utiliser cette carte en France.

	VRAI	FAUX
Exemple: On peut utiliser cette carte en France.	✓	
1 Si vous êtes en France vous pouvez appeler un numéro français.		
2 Si vous êtes en Angleterre vous pouvez appeler un numéro français.		
3 Si vous êtes en France vous pouvez appeler un numéro anglais.		
4 Pour utiliser cette carte cherchez un publiphone à pièces.		
5 Pour utiliser cette carte cherchez un publiphone à carte à mémoire.		
6 Le 00 44 est le code pour obtenir l'Angleterre.		
7 Si vous téléphonez vers l'Angleterre enlevez le 0 au début du numéro anglais.		

TOTAL 7 MARKS

PAGE 111

Section Two

Lisez les messages.

1

Monsieur,

Le 24 août j'étais de passage à votre hôtel (chambre vingt-neuf) et j'ai laissé une trousse de toilette dans la salle de bains. Je vous. . .

2

Chère Agnès,
Je crois que j'ai laissé mes lunettes de soleil sur le rebord de ta voiture hier matin. Veux-tu les chercher?

3

Philippe, j'ai laissé mon casque de vélo dans ton jardin. Tu peux l'apporter au collège demain? Merci, Maxime.

4

MADAME,
J'AI EU LE PLAISIR DE DÎNER DANS VOTRE RESTAURANT HIER SOIR. MALHEUREUSEMENT, JE CROIS QUE J'AI LAISSÉ MON PORTEFEUILLE À LA CAISSE. JE PASSERAI...

5

Anne, as-tu vu mes clés? Je les ai mises sur la petite table à côté de la porte d'entrée. . .

6

Monsieur,
J'ai pris le train de 22 heures pour Amiens samedi dernier. J'ai laissé mon téléphone portable sous le siège (wagon D). L'avez-vous retrouvé?

7

Marine, j'ai laissé ma veste dans le salon chez toi. Je passerai la chercher cet après-midi. Aurélie.

Objet perdu – où? Ecrivez les bonnes lettres.

	Objet perdu?		Où?
1 =	B	+	K
2 =	_____	+	_____
3 =	_____	+	_____
4 =	_____	+	_____
5 =	_____	+	_____
6 =	_____	+	_____
7 =	_____	+	_____

PAGE 111

TOTAL 6 MARKS

Lisez cette lettre.

Bath, le 20 août

Chère Marielle,

Me voici enfin de retour en Angleterre! On a passé de très bonnes vacances chez toi (merci beaucoup!) mais qu'est-ce qu'on a eu comme problèmes pendant le voyage de retour!

On est parti à 10 heures mais en arrivant à l'autoroute à Montpellier on a trouvé un bouchon incroyable au péage. On a passé plus de 2 heures à faire la queue sous un soleil tapant! Qu'est-ce qu'on a eu chaud! On est enfin arrivé près de Lyon mais, figure-toi, on est tombé en panne. On a dû s'arrêter et téléphoner aux services de secours, et on a dû les attendre pendant une heure. Le mécanicien nous a dit qu'il n'y avait pas assex d'eau dans le radiateur. . . Enfin on s'est remis en route, mais, malheureusement, quand on est arrivé à l'hôtel à Reims (avec 3 heures de retard) il ne restait plus de chambres!

On était si fatigué qu'on a passé la nuit dans la voiture sur une aire de repos, au bord de l'autoroute. Le lendemain, on s'est réveillé à 7 heures. On avait trop dormi! Quelle panique! On était à 4 heures de Calais mais on avait des places dans le ferry de 9 heures! Et oui, on a raté le ferry et on a dû attendre le prochain départ. L'année prochaine, je prendrai le train.

Bises

Helen

Répondez aux questions en français.

Exemple: Où Helen a-t-elle passé ses vacances?
Chez Marielle

1 Quel a été le problème à Montpellier?

2 Pourquoi Helen n'était-elle pas confortable?

3 Qu'est-ce qui s'est passé près de Lyon?

4 Pourquoi y a-t-il eu un problème à Reims?

5 Où Helen a-t-elle passé la nuit?

PAGE 112

6 Pourquoi a-t-elle raté le ferry?

7 Est-ce qu'Helen veut retourner en France? Pourquoi/pas?

TOTAL 7 MARKS

Exercice 2
Un accident de la route

Lis cet article.

Accident de route entre Sainte-Marie et Canet.

En cette fin de vacances, la route inter-plages entre Canet et Sainte-Marie a été le théâtre hier matin d'un terrible accident.

Il est 8h 30 ce dimanche. Pierre Tourette, vacancier âgé de 23 ans et domicilié à Vitry-sur-Seine vient de raccompagner à Argelès des copains avec lesquels il a fait la fête une bonne partie de la nuit.

Le jeune homme, fatigué, est victime d'une absence. Sa Fiat Uno noire se déporte sur la chaussée pour se présenter face aux nombreuses voitures arrivant dans l'autre sens. Le conducteur, s'est-il endormi au volant? Malgré les coups de klaxon d'une autre voiture, la Fiat Uno continue sa trajectoire.

Ce second véhicule évite le choc, mais une troisième voiture est percutée et les 5 personnes, passagers et conducteur, ont été blessées et souffrent des traumatismes et de lésions plus ou moins graves.

Les victimes de la troisième voiture, prises en charge par les sapeurs-pompiers, ont été évacuées sur le Centre Hospitalier de Perpignan. Le conducteur de la Fiat Uno, dans le coma, a été transporté par l'hélicoptère du SAMU.

La route entre Saint-Marie et Canet, fermée à la circulation par les gendarmes en raison de l'accident, a été réouverte aux automobilistes à 9h 30.

Choisissez la bonne réponse.

Exemple: Il y a eu un accident. . .

   A sur l'autoroute.
   B à Perpignan.
   C entre Canet et Sainte-Marie. ✔

(Continues . . .)

1 Quand l'accident a-t-il eu lieu?

   A samedi matin

   B dimanche matin

   C lundi matin

2 Où habite Pierre Tourette?

   A Canet

   B Argelès

   C Vitry-sur-Seine

3 Pourquoi était-il allé à Argelès?

   A Pour rentrer chez lui.

   B Pour ramener des amis.

   C Pour assister à une fête.

4 Qu'est-ce qui a causé l'accident?

   A Pierre avait trop bu.

   B Il conduisait beaucoup trop vite.

   C Il souffrait peut-être de fatigue.

5 Qu'est-ce qui s'est passé exactement?

   A La voiture de Pierre est entrée en collision avec une voiture.

   B Une deuxième voiture a percuté la voiture de Pierre.

   C La Fiat Uno est entrée en collision avec deux voitures.

6 Combien de blessés y a-t-il eu en total?

   A 4

   B 5

   C 6

7 Les victimes de la troisième voiture. . .

   A ont été évacuées par l'hélicoptère.

   B ont été évacuées par les gendarmes.

   C ont été transportées à l'hôpital.

8 La route a été fermée pendant. . .

   A une heure.

   B toute la journée.

   C 24 heures.

➡ PAGE 112

TOTAL 8 MARKS

Exercise 3

safety in the mountains

Read the interview with Bruno, a mountain guide.

Journaliste: Après l'avalanche qui a tué 11 personnes fin janvier, on a l'impression que la montagne devient de plus en plus dangereuse.

Bruno: Non, la montagne n'est pas de plus en plus dangereuse mais elle est de plus en plus fréquentée! Les nouveaux skis et les nouvelles pratiques de glisse comme le surf font que de nouveaux skieurs découvrent le hors-piste et c'est cela qui est dangereux. Car, s'ils ont vite appris la technique, ils n'ont pas eu le temps d'acquérir la culture de la montagne.

Journaliste: Que faire pour éviter de tels accidents?

Bruno: D'abord, je rappelle que les avalanches tuent trente à quarante personnes chaque année. C'est trop, mais assez peu compte tenu du nombre total de skieurs. Une pente présente toujours un danger. Savoir si la neige sera stable est très complexe et cela change d'une heure à l'autre. Donc quand on dit "Danger avalanche", on donne une information juste mais pas très précise. L'appréciation du danger doit se faire sur le terrain.

Journaliste: Faut-il interdire les sorties dans ces conditions?

Bruno: En montagne on ne peut pas tout prévoir. Si on veut supprimer tous les risques on peut faire du ski virtuel sur ordinateur. Non! On doit être responsable et aller s'informer soit au bureau des guides soit à l'école de ski. Il ne faut pas se priver du plaisir de la montagne.

Answer the following questions in English.

1 What happened to make people think that the mountains are becoming increasingly dangerous?

2 What does Bruno say about it being dangerous in the mountains?

3 Why have new ski designs and new ski sports added to the dangers?

4 What does Bruno say about the number of people killed in avalanches each year (give 2 details).

5 Why is there always an element of danger on a slope?

6 In what way, according to Bruno, can people avoid all risks?

7 What should people do to get the greatest pleasure from skiing?

TOTAL 7 MARKS

PAGE 112

Section One

Exercice 1
Aux Magasins

Choisis le bon nom du magasin.

Exemple: = E

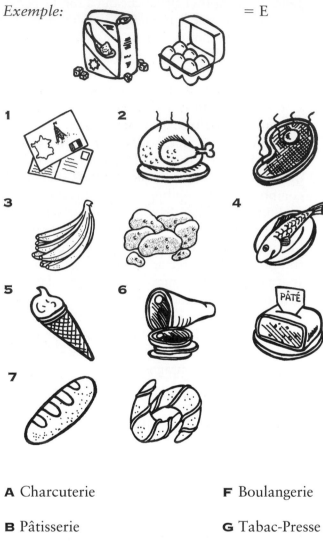

A Charcuterie   **F** Boulangerie

B Pâtisserie   **G** Tabac-Presse

C Poissonnerie du Port   **H** Légumes et Fruits

D Boucherie   **I** Glacier-Salon de Thé

E Epicierie

➡ PAGE 113

TOTAL 7 MARKS

MARCHÉ U

Les nouveaux commerçants

Prix Bas Toute l'Année

Parking – Magasin climatisé

Ouverts du lundi au vendredi (octobre–mai)
de 9h à 12h30 et de 15h30 à 19h30
Pendant la saison (juin à septembre)
Magasin ouvert du lundi au samedi
de 9h à 19h30 sans interruption
Dimanche matin de 9h à 12h30.

Route de la Gare 66660 Port Vendres

Answer the following questions in English.

Exemple: Why is it convenient to shop here?
There is a car park.

1 What makes it pleasant to shop here when the weather is hot?

2 At what time does the shop close for lunch during the week in the winter months?

3 How many days a week is it open during the winter months?

4 At what time does the shop close in the evenings?

5 Why is it convenient to shop there on a Saturday?

6 Give two details about the extra opening hours in the Summer.

TOTAL 7 MARKS

PAGE
113

Exercice 3
On fait des achats

Ça fait combien en euros?

Ecris le bon prix.

€ 45,30   € 0,45   € 0,68   € 19,70   € 0,70

€ 1,06   € 0,78   € 6,06   € 0,73

Exemple: Je voudrais un croissant, s'il vous plaît.

Ça fait <u>0,73</u> euros.

1 Je voudrais acheter un litre de lait, s'il vous plaît.

Ça fait _____ euros.

2 Donnez-moi le nouveau CD de Patricia Kaas.

Ça fait _____ euros.

3 Je voudrais un kilo de pommes de terre. Ça fait combien?

Ça fait _____ euros.

4 Un journal, s'il vous plaît.

Ça fait _____ euros.

5 Les chaussures s'il vous plaît, ça fait combien?

Ça fait _____ euros.

6 Il me faut un litre d'huile, s'il vous plaît.

Ça fait _____ euros.

7 Un timbre pour l'Angleterre, s'il vous plaît.

Ça fait _____ euros.

 PAGE 113

TOTAL 7 MARKS

Lis cette lettre.

Chère Nicole,

Ça va? Merci de ta carte d'anniversaire. J'ai passé un très bon anniversaire. Mes parents m'ont donné 500 francs et ma sœur m'a offert une très jolie chemise et des boucles d'oreille.

Hier, samedi, je suis allée en ville dépenser mon argent d'anniversaire. D'abord, j'ai fait un tour dans le centre commercial avec Magda. On est entré chez "Camaïeu" et on a passé une heure à essayer des vêtements! J'ai enfin choisi un pull blanc à manches courtes et un T-shirt. Magda a décidé de s'acheter un nouveau jean. Elle en a essayé plusieurs mais elle les trouvait trop chers — bref, elle n'a rien acheté!

On a mangé chez McDo puis Magda m'a dit qu'elle voulait acheter le dernier CD du groupe IAM. On a rencontré Christophe et Olivier au magasin de disques — ils cherchaient un jeu-vidéo! On est allé ensemble au café (je crois que Christophe voudrait sortir avec Magda! Il pense qu'elle est très amusante et très jolie!!)

Bises

Corinne

Réponds aux questions en choisissant A, B ou C.

Exemple: Nicole a envoyé. . .
   A un cadeau à Corinne.
   B une carte d'anniversaire à Corinne.   ✓
   C de l'argent à Corinne.

1 Les parents de Corinne lui ont offert. . .
   A une chemise.
   B des boucles d'oreille.
   C de l'argent.

2 Samedi dernier, Corinne. . .
   A est sortie avec Magda.
   B a rencontré Magda au centre commercial.
   C est allée en ville avec Christophe.

(Continues . . .)

3 Corinne a acheté:

A   B   C

4 Magda a acheté:

A   B   C

5 Les garçons voulaient acheter:

A   B   C

6 Christophe aimerait sortir avec. . .
   A Corinne.
   B Magda.
   C la sœur d'Olivier.

PAGE
113

TOTAL 6 MARKS

Exercice 2

On achète des chaussures

Lisez cette conversation.

– Bonjour Madame, je peux vous aider?
– Oui, je voudrais essayer les chaussures noires **(1)** _____
– **(2)** _____
– Je fais du 40.
– Attendez un moment . . . voilà Madame, vous voulez les essayer? Ça va?
– Ah, non elles me serrent trop, elles **(3)** _____ . Vous avez **(4)** _____ ?
– Non, je suis désolée, il n'y a pas de pointure au-dessus dans ce modèle . . . mais il y un autre modèle **(5)** _____ .
– Bon . . . d'accord, je vais les essayer.
– Alors ça va? Elles vous serrent moins?
– Oui **(6)** _____ . Elles font combien?
– 400 francs, Madame.
– Hum, c'est cher – je sais pas.
– Mais Madame, elles sont jolies et **(7)** _____ .
– D'accord, **(8)** _____ .
– Très bien, Madame, vous payez comment?
– **(9)** _____ .
– Oui, bien sûr Madame, alors passez à la caisse, s'il vous plaît.

Cherchez les phrases (A–I) qui manquent.

Mettez les phrases dans le bon ordre dans la grille ci-dessous.

A ~~Vous acceptez les cartes bancaires?~~

B le cuir est d'une bonne qualité.

C ~~qui sont en vitrine.~~

D je les prends.

E sont trop étroites.

F C'est quelle pointure?

G avec un talon un peu plus haut.

(Continues . . .)

H elles serrent moins que celles-là.

I ~~la pointure au dessus?~~

PAGE
113

1	2	3	4	5	6	7	8	9
C			I					A

TOTAL 6 MARKS

Section Three

Exercice 1

Où faites-vous vos achats?

Lisez les opinions de 4 jeunes.

Carole

Moi, je vais toujours dans les petites boutiques... je trouve toujours des vêtements classiques qui sont assez chic. Je n'aime pas acheter dans les grands magasins, les vêtements sont souvent mal faits. Je préfère acheter moins souvent que mes amis mais dépenser un peu plus quand j'achète. Je n'achète que de la bonne qualité.

Christophe

Je vais toujours dans des magasins de sport parce que j'achète toujours des vêtements de marque. J'adore les vêtements de la rue, on y est toujours à l'aise ... pour moi, aussi, la marque est très importante. Même si les articles sont chers, c'est le look qui me plaît le plus ... et mes amis sont d'accord. Porter des vêtements qu'on trouve dans les grandes surfaces, c'est pas cool, c'est pas branché.

Eliane

Moi, j'aime bien aller au centre commercial avec mes copines, on y trouve de tout, que ce soit dans les petits magasins ou dans les grands. Comme ça, on a plus de choix et on peut toujours trouver de bonnes affaires. Je crois que j'ai un look décontracté mais en même temps assez chic. Je préfère les vêtements branchés mais pas les vêtements de sport: ils sont chers et tout le monde les aime. Il faut trouver son propre style.

Grégoire

J'achète n'importe où, au marché, à l'hypermarché et au centre commercial. Moi, j'attends toujours la fin de la saison... quand il y a des réductions. Je paie jamais les prix élevés qu'on demande partout en début de saison. Si on s'y connaît, on regarde bien ce qu'il y a, les tendances quoi ... puis on cherche un peu partout et on attend les soldes! J'arrive toujours à avoir des prix intéressants, même sur les vêtements de marque.

Répondez aux questions en écrivant le bon nom.

Exemple: Qui va dans des magasins de sport pour acheter ses vêtements? *Christophe*

1 Qui achète toujours ses vêtements à des prix réduits?

2 Qui n'achète que des vêtements de marque?

3 Qui achète des vêtements moins fréquemment que ses amis mais à des prix plus chers?

4 Qui aime être à la mode mais n'aime pas les vêtements de marque?

5 Qui aime montrer son sens d'individualité et d'originalité?

PAGE 113

6 Qui achète ses vêtements de temps en temps à l'hypermarché?

TOTAL 6 MARKS

Lisez cet article.

Questions/réponses pour bien se préparer à l'euro.

En janvier 99 débutera une période de transition de 3 ans permettant de nous familiariser avec l'euro.

– Combien y aura-t-il de pièces et de billets en euros?

Il y aura huit pièces de 1, 2, 5, 10, 20, 50 cents, 1 et 2 euros et sept billets de 5, 10, 20, 50, 100, 200 et 500 euros.

– A quelle date les pièces et les billets seront-ils mis en circulation?

Les pièces et les billets en euros seront mis en circulation le 01/01/2002. Cependant, pendant la période intermédiaire de 3 ans (du 1er/01/99 au 31/12/2001) les Français pourront se familiariser à l'euro avec un compte bancaire en euros.

– Les monnaies en francs et en euros existeront-elles ensemble?

A partir du 1er/01/2002 les chèques en francs ne pourront plus être utilisés mais on pourra régler ses achats avec des billets et des pièces en euros ou en francs.

– Pendant combien de temps durera cette période?

A partir du 1er janvier 2002 on verra le retrait systématique des francs (pièces et billets). Cette periode durera 6 mois.

– Que deviendront les pièces et les billets en francs?

Pendant un an, à partir du 1er janvier 2002, on pourra échanger les pièces contre des euros à la banque. En attendant, les prix en France sont souvent affichés en francs et en euros. Pour avoir plus de renseignements sur l'euro, adressez-vous à votre agence bancaire.

Indiquez si les phrases sont vraies ou fausses.

Cochez la bonne case.

Exemple: La période de transition entre le franc et l'euro durera 2 ans.

	VRAI	FAUX
Exemple		✓
1		
2		
3		
4		
5		
6		
7		

1 Il va y avoir 7 billets en euros.

2 On pourra utiliser les pièces en euros à partir du mois de janvier 99.

3 Les comptes bancaires en euros existent déjà.

4 Après le 1er janvier 2002 on devra écrire ses chèques en euros.

5 On pourra payer ses achats en francs jusqu'à la fin juin 2002.

6 Du 01/01/2002 au 31/12/2002 on pourra convertir les francs en euros à la banque.

7 En ce moment, les commerçants sont obligés de mettre les prix en francs et en euros.

➡ PAGE 113

TOTAL 7 MARKS

Exercise 3

Shopping on the Internet

Read the following article about shopping on the Internet.

Faites vos achats sur l'Internet.

On trouve de tout sur l'Internet. Passez votre commande depuis votre domicile, en ignorant les frontières.

Sur l'Internet vous passez commande en cliquant sur les produits sélectionnés. Généralement, ensuite on vous propose de donner votre numéro de carte bancaire. Mais, pouvez-vous taper votre numéro de carte bancaire sur le réseau, sans danger?

(Continues . . .)

S'il s'agit de votre première commande vous devez donner votre nom, adresse, puis numéro de carte bancaire. Cette transmission en ligne n'est pas sans risque – on court un certain risque, il y a la possibilité d'interception du numéro par des pirates informatiques. Pour diminuer les risques mieux vaut utiliser un procédé de cryptage qui déguise votre numéro le temps de la transmission.

Mais, même si votre numéro est intercepté et votre compte bancaire débité, c'est la banque qui doit rembourser.

Toutefois si vous préférez ne prendre aucun risque, il vaut mieux payer par des moyens plus classiques: un chèque sous enveloppe par example.

Answer the questions by ticking the correct answer, A, B or C.

Example: One of the advantages of shopping by Internet is that:
   A you can order late at night.
   B you can order from your office.
   C you can shop for international goods.   ✓

1 What question is asked by the journalist?
   A Can you give credit card details safely?
   B Should you allow yourself to be tempted by the shopping?
   C Can you shop without risk if you don't see the goods?

2 If you are a new customer you are normally first required to give:
   A your name and address.   **B** your credit card number.
   C the address of your bank.

3 If you make an order on the Internet it is advisable to:
   A avoid using your name and address.
   B encode your personal details.
   C give personal details at a later date.

4 If, by chance, money is wrongly taken from your bank account, it is:
   A your responsibility.   **B** the bank's responsibility.
   C the seller's responsibility.

5 To avoid all risks, it is advisable:
   A to order by letter.   **B** to confirm the order by letter.
   C to send a cheque.

PAGE 113

TOTAL 5 MARKS

Section One

Lisez le menu

Brasserie: Le Bellevue

Sandwichs:	jambon......................................	22F
	fromage	24F
Crêpes:	nature	20F
	crème chantilly	23F
Pizzas:	3 fromages...............................	36F
	champignons...........................	38F
Assiette de frites.................................		25F
Soupe paysanne...............................		18F

Boissons

Eau minérale.............................	12,50F
Orangina..................................	12,50F
Café crème	12,00F
Bière pression	13,50F
Bière (bouteille)	14,50F
Vins en bouteille	
Saumur rouge (AOC)........................	55,00F
Alsace blanc (AOC)	67,00F

C'est combien? Ecrivez le prix.

Exemple: = 24F

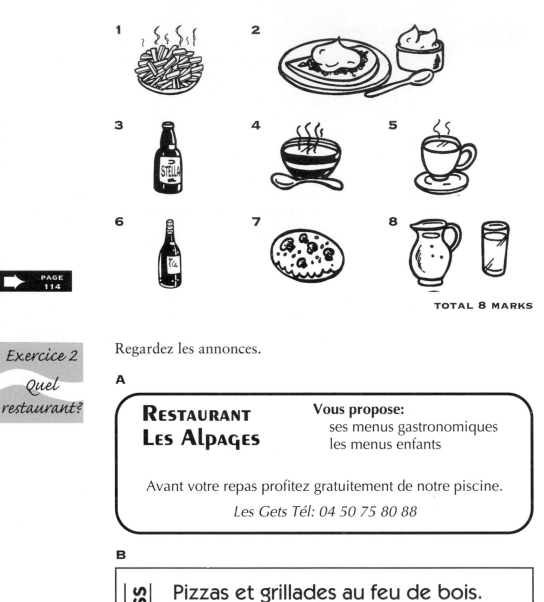

TOTAL 8 MARKS

PAGE 114

Exercice 2

Quel restaurant?

Regardez les annonces.

A

RESTAURANT LES ALPAGES

Vous propose:
ses menus gastronomiques
les menus enfants

Avant votre repas profitez gratuitement de notre piscine.

Les Gets Tél: 04 50 75 80 88

B

Le Schuss

Pizzas et grillades au feu de bois.

Spécialités savoyardes (fondues)

Pâtisserie maison – salon de thé.

Les Gets Tél. 04 50 79 71 67

C

Le Belvédère

Mangez en altitude – face au Mont Blanc.
Terrasse panoramique ensoleillée le midi.

Restaurant ou self service

Les Gets Tél. 04 50 79 81 52

D

L'Op'traken – Le Nagano

Restaurant – Pizzeria

– Spécialités savoyardes.
– Ses pizzas au feu de bois (sur place et à emporter).
Ambiance assurée – piano bar – musique.

Place Centrale Les Gets   Tél. 04 50 79 78 17

C'est quel restaurant?

Exemple: Je voudrais manger de la fondue.   B

1 Je voudrais déjeuner au soleil.   _____

2 J'aime manger et écouter la musique.   _____

3 Je voudrais nager avant de manger.   _____

4 J'aime le viande cuite au feu de bois.   _____

5 Je vais au restaurant avec ma petite sœur.   _____

6 Moi, j'adore les gâteaux.   _____

PAGE 114

7 Je veux acheter une pizza et la manger chez moi.   _____

TOTAL 7 MARKS

Exercise 3

What's their favourite food?

Read the following opinions.

Céline

Moi, j'aime beaucoup la viande, le steak frites est mon plat préféré. Je n'aime pas les légumes cuits mais la salade, j'aime beaucoup. Comme desssert? . . . alors j'aime les fruits et les yaourts.

Angélique

Mon plat préféré. . . c'est le saumon ou la truite en sauce avec des pâtes. . . par exemple les tagliatelles: j'aime beaucoup la cuisine italienne, c'est délicieux. J'adore les pâtisseries, surtout la tarte aux pommes . . . ma mère me dit que j'en mange trop! Je n'aime pas les produits laitiers, je fais des allergies au lait.

Raphaël

Moi, j'aime aller chez McDo tous les samedis avec mes copains: je prends un hamburger et des frites. . . mais j'admets que deux heures après j'ai faim! A la maison mon plat préféré c'est le coq au vin, c'est un plat délicieux. Ce que je n'aime pas, c'est le poisson, ça me rend malade.

Charlotte

Moi, je ne mange pas de viande, je préfère les légumes et le fromage. Mon plat préféré c'est la ratatouille: c'est fait avec des tomates, des aubergines des oignons et des courgettes. C'est très bon.

Tick the statements which are correct.

Example: Céline likes meat   ✔

1 Céline dislikes all vegetables.   _____

2 Céline likes yoghurt.   _____

3 Angélique's favourite dish is salmon and pasta.   _____

4 Angélique cannot eat dairy products.   _____

5 Angélique's mother likes to make her cakes.   _____

6 Raphaël eats fast food once a week.   _____

7 Raphaël says that chicken makes him ill.   _____

8 Charlotte is a vegetarian.   _____

PAGE 114

TOTAL 5 MARKS

Exercice 1

Les allergies

Lisez le texte.

Les Allergies: faites attention à certains aliments! Les troubles liés à l'allergie sont multiples. Tous les aliments peuvent être à l'origine d'allergies, mais certains sont plus fréquemment mis en cause.

Champions: les œufs, les poissons, le fromage, le chocolat, la moutarde, les fraises, les fruits de mer.

En second ligne: la banane, les fruits exotiques (par exemple, le kiwi), les pois et le chou.

Avec des tests simples, on peut découvrir l'aliment à l'origine de l'allergie. On peut facilement éviter certains aliments (fraises, chou) mais si l'aliment est un aliment majeur (viande, lait), le traitement consiste à réintroduire le produit pour essayer de s'y habituer.

A   B   C   D

E   F   G   H

I   J   K   L

M   N   O   P

(Continues . . .)

Choisissez les bonnes lettres.

Ecrivez les lettres dans les cases.

1 Aliments "champions" qui causent des allergies:

Exemple: | c | | | | | | |

2 Aliments "en second ligne": | | | | |

3 Aliments "évitables": | | |

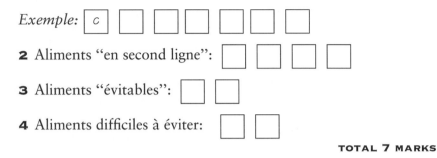

PAGE 114

4 Aliments difficiles à éviter: | | |

TOTAL 7 MARKS

Exercice 2

L'opération petit déjeuner

Lisez cet article.

Opération "ptit'déj"

Jeudi dernier "l'opération petit déjeuner" a eu lieu au collège de l'Europe à Ardres. Cette action a permis à tous les élèves de cinquième de bénéficier d'un petit déjeuner, repas indispensable de la journée.

Après l'organisation d'un concours de dessins sur ce thème, tous les élèves et leurs professeurs ont aidé a préparer un petit déjeuner équilibré, complet et savoureux, sous les conseils de l'infirmière du collège, Madame Ledoux.

Ce repas, ont-ils appris, doit comporter quatre éléments de base, un laitage, des céréales, un fruit frais ou un jus de fruit et une boisson. Cet exemple pourra servir aux élèves ainsi qu'à leurs parents: un bon petit déjeuner, c'est une bonne habitude à conserver.

Répondez aux questions en cochant la bonne réponse.

Exemple: Quand est-ce que l'opération "ptit' déj" s'est passé?
  A jeudi dernier   ✓   **B** ce jeudi   **C** jeudi prochain

1 Qui a participé à cette opération?
  A tout le collège   **B** quelques élèves du collège
  C les élèves et leurs parents

2 Quel repas ont-ils pris?
  A le petit déjeuner   **B** le déjeuner   **C** le dîner

3 D'abord, les jeunes. . .
  A ont fait des études.   **B** ont préparé le repas.
  C ont fait des dessins.

4 Qui a donné des conseils diététiques aux jeunes?
  A les professeurs   **B**   l'infirmière du collège
  C un diététicien

5 Les jeunes ont appris que ce repas doit comprendre. . .
  A un œuf   **B** un croissant   **C** un produit laitier

TOTAL 5 MARKS

Section Three

Exercice 1

La santé
des
Français

Lis l'article.

L'état de santé des Français

Comment allons-nous? Pas mal, pas mal! C'est ce que montre le rapport de l'Insee (Institut national de la statistique et des études économiques) qui nous inspecte chaque année, nous les Français, de la tête aux pieds.

(Continues . . .)

Taille: Toujours plus haut! Pour les garçons, la taille moyenne est de 1m76. Ils ont gagné 5cm en trente ans. Ils dépassent toujours les filles de 10 bons centimètres. Jusqu'où iront-ils?

Poids: La France grossit! Une étude de l'armée montre que parmi les jeunes militaires âgés de 18 à 22 ans 15% ont un poids trop élevé par rapport à leur taille.

Dentition: Côté dents, ça se gâte! A l'âge de 18 ans seulement une personne sur cinq peut se vanter d'avoir encore toutes ses dents. C'est les dentistes qui doivent être contents!

Vision: La vue des Français baisse. Le nombre de myopes a plus que doublé en quelques années chez les jeunes Français. Près de la moitié de la population porte à présent des lunettes ou des lentilles. Les écrans vidéo et les ordinateurs sont les principaux accusés.

Trouve les mots qui manquent.

Complète les phrases avec un mot de la liste ci-dessous.

Exemple: Dans l'ensemble, le rapport dit que les Français vont assez <u>bien</u>.

Le rapport montre que les filles ont 10 cm de (1) _____ que les garçons. Il y a 30 ans, la taille moyenne des garçons était de (2) _____ . Les jeunes (3) _____ du poids. Beaucoup d'entre eux souffrent (4) _____ . En ce qui concerne les dents, elles (5) _____ . 80% des jeunes de 18 ans (6) _____ plus toutes leurs dents. On pourrait dire que (7) _____ les dentistes sont contents. La vue des Français (8) _____ et près de la moitié a (9) _____ de lunettes. La cause de cette baisse de vue est-elle (10) _____ aux écrans vidéos?

mal	prennent	hausse
perdent	dûe	s'améliore
besoin	s'abîme	d'obésité
~~bien~~	se gâtent	plus
moins	n'ont	perdu
1m76	1m71	seulement

PAGE 115

TOTAL 10 MARKS

68

Exercice 2

Une lettre à un magazine

Lisez cette lettre.

J'ai été anorexique

Je voudrais faire part de mon expérience aux lecteurs. Tout a commencé l'an dernier; d'abord par un soi-disant régime, puis j'ai eu des ennuis personnels (parents, amis, lycée).

J'avais perdu environ 20kg, mais surtout mes amis (je m'isolais), et le moral. J'ai repris environ 12kg, j'ai donc retrouvé le bon poids, une allure normale, des relations beaucoup moins tendues avec mes parents. Mais, à présent (ça aura duré plus de 2 ans) je pense m'en être sortie et je peux dire merci à mes parents car c'est grâce à eux que j'ai remonté la pente. Mais toi, Joséphine, dans ta lettre au magazine tu ne mentionnes pas tes parents. Sont-ils au courant? Sinon, si tu veux t'en sortir, je suis sûre que tu devrais leur en parler: ce sera très dure pour eux comme pour toi mais ils auront une volonté plus forte que les autres pour t'aider à t'en sortir. N'oublie pas non plus tes vrais amis. Je te préviens, ce sera difficile, mais vouloir c'est pouvoir. C'est ça qui compte le plus!

Marie-Ange

Répondez aux questions en français.

Exemple: A qui cette lettre est-elle destinée?
Aux lecteurs d'un magazine

1 Qu'est-ce que Marie-Ange a fait l'année dernière?

2 Donnez 2 causes de ses problèmes personnels.

3 En perdant son poids qu'est-ce qui lui est arrivé?

4 Après avoir repris des kilos comment s'entendait-elle avec ses parents?

5 Qui est Joséphine?

6 Qu'est-ce que Marie-Ange lui conseille de faire?

7 Selon Marie-Ange quelle est la chose la plus importante si on veut sortir de ce problème?

PAGE 115

TOTAL 8 MARKS

Section One

Exercice 1

A l'école

Regarde le plan.

Coche la bonne case.

Exemple: **1** = le gymnase (✓) la bibliothèque ( ) la cantine ( )

2 = la salle de classe ( ) le laboratoire ( ) les toilettes ( )

3 = la salle des professeurs ( ) la salle de classe ( ) la cantine ( )

4 = la salle d'assemblée ( ) la cantine ( ) le laboratoire ( )

5 = la bibliothèque ( ) la cantine ( ) la salle des professeurs ( )

6 = l'entrée ( ) la bibliothèque ( ) le bureau ( )

PAGE 116

7 = le terrain de foot ( ) le gymnase ( ) la piscine ( )

TOTAL 6 MARKS

Exercice 2

L'emploi du temps

Regarde l'emploi du temps.

	lundi	*mardi*	*mercredi*	*jeudi*	*vendredi*	*samedi*
8h–9h	maths	maths		chimie (5)	français	anglais
9h–10h	anglais	maths			maths	éducation civique
10h–11h	français (1)	histoire		anglais (6)	éducation	français
11h–12h	espagnol	géo (3)		français	physique (8)	
Pause – déjeuner						
14h–15h	sciences	français		espagnol	technologie/	
15h–16h	naturelles (2)	dessin (4)		musique	travaux manuels	
16h–17h	éducation physique			(7)	informatique (9)	

C'est quelle matière?

Ecris la bonne lettre pour chaque numéro.

Exemple: **1** = B.

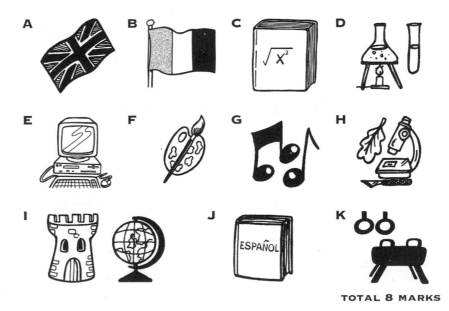

PAGE 116

TOTAL 8 MARKS

Exercice 3

Le collège de Sandrine

Lisez cette lettre.

Chère Anne,

Je suis élève au collège Jules Verne et je suis en 3ème. Chez moi, le collège commence à 8 heures du matin. J'ai 4 heures de cours le matin et à midi c'est la pause-déjeuner. On peut rentrer à la maison, mais moi, je mange à la cantine.

Après le déjeuner je parle avec mes copains et je joue aux cartes. L'après-midi, il y a 3 heures de cours (2 heures à 5 heures). Mes cours préférés sont l'anglais et l'espagnol: j'adore parler en classe et le prof est très amusant. Mais, ce que je n'aime pas c'est les maths: je ne suis pas forte en maths. Je déteste le prof, il est nul, et il est très strict.

Le mercredi, on n'a pas de cours, mais on travaille le samedi matin jusqu'à midi. D'habitude, j'ai trop de devoirs (2 ou 3 heures par nuit). C'est beaucoup je trouve. En France on ne porte pas d'uniforme – c'est cool!

Ecris-moi bientôt!

Sandrine

C'est vrai ou faux?

Cochez la bonne case.

Exemple: Sandrine est en 4ème.

1 Le collège de Sandrine commence à 9 heures du matin.

2 Elle prend le déjeuner chez elle.

3 Sandrine finit les cours à 4 heures de l'après-midi.

4 Elle a 3 heures de cours l'après-midi.

5 Sandrine aime les langues étrangères.

6 Elle trouve son professeur d'anglais strict.

7 Elle est faible en maths.

8 Sandrine va au collège le mercredi.

9 Elle porte un uniforme qu'elle aime.

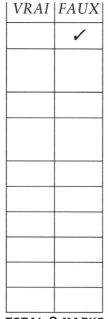

	VRAI	FAUX
		✓

TOTAL 9 MARKS

PAGE 116

Lisez cet article sur Le Collège Victor Hugo.

Je m'appelle Sacha et j'ai 15 ans. Je suis étudiant dans un collège à Montréal au Québec. Québec est une province "francophone" du Canada, c'est à dire on y parle français. Dans mon collège il y a mille trois cents étudiants et presque cent profs. C'est une bonne école, il y a une très bonne ambiance entre les profs et les élèves, c'est un endroit très sociable et j'ai beaucoup de copains.

Le collège est très bien équipé, les bâtiments sont modernes. Il y a une piscine, deux gymnases et une grande bibliothèque, et nous avons un réseau de deux cents ordinateurs! L'informatique est très importante et fait partie de toutes nos matières scolaires. Il y a des ordinateurs dans toutes les salles de classe.

Comme matières, il y en a beaucoup. On doit tous faire les matières de base: le français, l'anglais, les maths, l'histoire, la géographie et les sciences et bien sûr le sport. On peut aussi choisir des options, par exemple, le théâtre, la photo, le patinage, la musique, la danse. Moi, je préfère les langues et la photo. Je voudrais devenir journaliste, alors la communication est très importante pour moi.

J'aime mon collège, on nous encourage, même si on a des difficultés. C'est génial.

Complétez les notes en français ou en chiffres et cochez les bonnes cases.

Exemple: Sacha – âge: 15 ans

1 Nombre d'étudiants:

2 Nombre de professeurs:

3 Description des bâtiments:
   I.
   II. piscine + ? + ?

4 Nombre d'ordinateurs:

5 Options possible (choisissez 2 réponses):

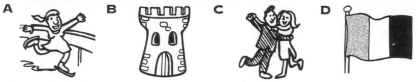

A   B   C   D

6 Matières préférées de Sacha (choisissez 2 réponses):

A   B

C   D

7 Sacha voudrait être (choisissez 1 réponse):

A   B   C   D

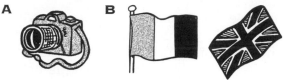

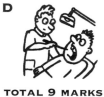

TOTAL 9 MARKS

➡ PAGE 116

Exercice 2

Interview avec un éditeur scolaire

Lis cette interview avec Henri Gibelin, qui est éditeur scolaire *(a publisher of school books)*.

Okapi: On dit souvent que les cartables des collégiens pèsent trop lourd. Les élèves ont beaucoup de livres dans leur cartable n'est-ce pas? Que faites-vous pour aider les élèves?

Henri Gibelin: Cette année, il y a une nouveauté: les livres de quatrième sont bien plus légers. En temps normal trois livres pèsent environ 1 kilo, trois nouveaux livres pèsent 700g.

Okapi: Comment avez-vous fait?

Henri Gibelin: C'est simple. Nous avons utilisé du papier moins épais et les couvertures ne sont pas rigides, elles sont souples. Le problème c'est que les nouveaux livres seront plus fragiles que les anciens livres. Les élèves doivent prendre soin de leurs livres!

Okapi: Cette année alors c'est seulement les élèves de 4ème qui vont voir des cartables plus confortables.

Henri Gibelin: Oui, mais si cela fonctionne bien, l'année prochaine on fera sans doute la même chose pour toutes les classes.

Complète les phrases.

Encercle le mot correct.

Exemple: Henri Gibelin est (éditeur scolaire)/professeur/étudiant

1 Les cartables des élèves sont... lourds/légers/chers.

2 Cette année on va fabriquer des livres scolaires qui seront plus... légers/chers/intéressants.

3 Trois livres de classe vont peser... 700g/900g/1kg.

4 Les couvertures des nouveaux livres sont... rigides/souples/colorées.

5 Le problème, c'est que les nouveaux livres sont... chers/fragiles/anciens.

6 Cette année, seulement les élèves de 4ème vont avoir de nouveaux... livres/cartables/cahiers.

PAGE 116

TOTAL 6 MARKS

Lisez les opinions des jeunes.

Que voudrais-tu changer au collège?

Estelle:

Il faudrait créer des espaces pour se retrouver entre midi et deux heures et pendant la récréation. Après avoir mangé, il n'y a rien à faire... on traîne dans la cour... on se parle mais s'il pleut c'est moche. Moi, j'aimerais une salle où on pourrait bavarder, écouter de la musique, lire et jouer à des jeux-vidéo.

Youness:

Moi, je trouverais très bien que les profs aient l'obligation de nous faire voir des films, des pièces qui passent au théâtre. Il faut nous faire sortir un peu du collège.

Alain:

La cantine, c'est affreux. D'abord, c'est petit, on doit faire la queue pendant une demi-heure: il y a tellement d'élèves à faire manger et les locaux sont trop petits. On n'a jamais assez de temps pour manger et en plus, c'est bruyant. C'est vraiment désagréable.

Eric:

Moi, je trouve que ce qu'on mange à midi à la cantine c'est pas bon. Les pâtes ont le goût d'eau et la viande n'est pas cuite. Le pire c'est que les rations sont trop limitées. On a seulement droit à un verre de lait et à un seul petit pain. On ne peut pas prendre du fromage et un yaourt... il y a plein de choses qu'on ne doit pas faire.

Claire:

En rentrant chez moi, je prends mon goûter et j'ai juste le temps de faire mes devoirs avant de dîner et de me coucher. Je fais 32 heures par semaine au collège et puis chez moi j'ai 2 heures de devoirs par jour plus 3 heures le week-end: c'est trop. J'en ai assez. Il faut alléger le programme scolaire: nous, les jeunes, on est fatigué, on n'a pas assez de temps pour se reposer.

Magda:

L'ambiance au collège n'est pas géniale. Le matériel est souvent cassé, même les chaises. Les salles de classes sont sombres. . . il n'y a rien aux murs et les couloirs sont toujours pleins de monde. Il n'y a même pas de papier toilette dans les W.C. Comment peut-on travailler dans un établissement qui n'est pas beau?

Faites correspondre les questions aux jeunes.

Ecrivez le bon nom.

Exemple: Qui voudrait plus de sorties scolaires? Youness

1 Qui voudrait un endroit où on pourrait se réunir entre copains?

2 Qui trouve qu'il y a trop de restrictions à la cantine?

3 Qui voudrait améliorer les conditions de travail?

PAGE
117

4 Qui voudrait réduire le nombre d'heures qu'on travaille?

TOTAL 4 MARKS

Exercice 2
Le nouveau au collège

Lis cette lettre à un magazine.

Je me fais racketter. Que faire?

Chère Sophie,

Voilà mon problème. Je suis nouveau dans mon collège: on a déménagé à cause du nouveau poste de mon père et je suis en 4ème dans un collège où je n'ai que deux ou trois bons amis. Un jour, en quittant le collège avec ma petite sœur, 2 élèves plus âgés que moi m'ont demandé de l'argent. Je n'en avais pas et il m'ont dit que si je n'en apportais pas le lendemain ils me frapperaient. Ma sœur a pleuré et moi, j'ai eu très peur. Le lendemain, je n'ai rien fait, je ne les ai pas revus, mais quand je suis allé chercher mon vélo, la roue avait été cassée et les deux garçons y étaient. Ils m'ont redemandé de l'argent. Alors, le lendemain je leur ai apporté 100 francs. Depuis, ils recommencent chaque semaine. Je ne sais pas quoi faire... j'ai aussi très peur pour ma petite sœur.

Marc

Cher Marc,

Je comprends que tu aies peur mais mets-toi à la place de ces 2 garçons, ces "racketteurs". Ils te demandent de l'argent et tu leur en donnes, alors ils recommencent. Dans un mois ils exigeront 200F. Ils comptent sur une chose: te faire suffisamment peur pour que tu n'en parles pas. Alors il ne faut pas jouer leur jeu. Dans l'immédiat essaie de ne jamais être seul en sortant du collège. Fais-toi accompagner de tes amis. Il faut aussi que tu en parles avec tes parents et aussi avec un de tes profs qui pourra t'aider. Bon courage!

Sophie

Choisis la bonne réponse.

Exemple: Quel est le problème de Marc?
   A Ses anciens copains lui manquent.
   B Il est victime de racketteurs. ✔
   C Il ne veut pas changer de collège.

1 Pourquoi Marc a-t-il changé de collège?
   A Il n'aimait pas son ancien collège.
   B Son père a un nouveau travail.
   C Il avait peu d'amis à son autre collège.

2 Quand est-ce qu'il a rencontré les 2 garçons pour la première fois?
   A à l'heure du déjeuner
   B pendant la récréation
   C à la sortie des classes

3 Qu'est-ce que les "racketteurs" ont fait le lendemain?
   A Ils ont demandé à Marc de leur donner de l'argent.
   B Ils ont cassé le vélo de Marc.
   C Ils ont fait peur à la sœur de Marc.

4 Que fait Marc depuis cet incident?
   A Il leur donne de l'argent régulièrement.
   B Il essaye d'éviter les 2 garçons.
   C Il ne rentre pas seul chez lui.

5 Sophie conseille à Marc de. . .
   A jouer le jeu des racketteurs.
   B renoncer à leur jeu.
   C leur accorder un peu plus d'argent.

6 Sophie lui conseille aussi de. . .
   A ne pas rentrer seul.
   B se faire accompagner par un adulte.
   C raconter son problème au principal du collège.

PAGE 117

TOTAL 6 MARKS

Read the following article about the importance of teachers and students getting on together.

Profs – élèves: chaude ambiance

Avec tes profs, vous vous voyez toute la journée, mais c'est dur de toujours vous comprendre. En fait, souvent il n'y a que deux sortes de prof: celui qui est tellement génial que tu ne vois pas le temps passer pendant son cours et celui que tu détestes au point d'aller en classe en traînant les pieds! Là c'est clair, ce n'est pas évident de bien travailler ensemble...

Qu'est-ce que tu lui reproches, en général, au prof qui est *"nul"*? *"Il note trop sévère"*, *"Il n'explique pas bien"*, *"Il va trop vite"* dit Karine, 14 ans. *"Certains profs affirment qu'ils ont toujours raison si on essaye de* discuter avec eux. Mais ce qui est pire c'est le prof qui a une mauvaise opinion de toi dès le début de l'année: en maths, une série de mauvaises notes et maintenant mon prof de maths dit que je suis bête et que je ne fais aucun effort."*

Alors, comment améliorer les choses? *"Il y a un bon équilibre difficile à trouver"* dit Sophie Jeddi, professeur de français. *"Les élèves rejettent les profs trop sévères qui à leurs yeux ne les écoutent pas. Pour autant, ils ne veulent pas d'un prof trop cool! En fait, les élèves veulent travailler, mais pas sous la menace."* Comme le dit Antoine de son prof préféré: *"Avec lui on a envie de travailler pour lui faire plaisir."* Mais ce genre de relations idéales... ça ne vient pas tout seul, il faut du temps et c'est souvent ce qui manque aux profs qui sont coincés par les exigences de *"programmes scolaires"* lourds. Pour Marie-Danielle Pierrelée, principal d'un collège, il existe de vraies solutions: *"Je crois à l'importance d'une sortie scolaire en début d'année. Dans ces occasions on découvre le prof sous un autre jour, moins dans la routine de son cours, et on le trouve plutôt sympa."*

Answer the following questions in English.

Example:
What does the author say at first about teacher-student relationships?
It is often hard for teachers and students to understand each other.

1 If a teacher is "génial" what are students generally unaware of?

2 If a student doesn't like a teacher, how does it show in a student's behaviour?

3 What are Karine's 3 general complaints about a poor teacher?

4 What is the worst thing that has happened to Karine in her maths lessons?

5 According to Sophie Jeddi, how do pupils react to harsh teachers? Why is this?

6 Why does Antoine want to work for his teacher?

7 What is the result of a heavy teaching load for teachers?

PAGE
117

8 What does Marie-Danielle Pierrelée recommend doing at the beginning of the school year? Why?

TOTAL 12 MARKS

PAGE
118

Exercice 1

Annonces d'emploi

Regardez les annonces d'empoi.

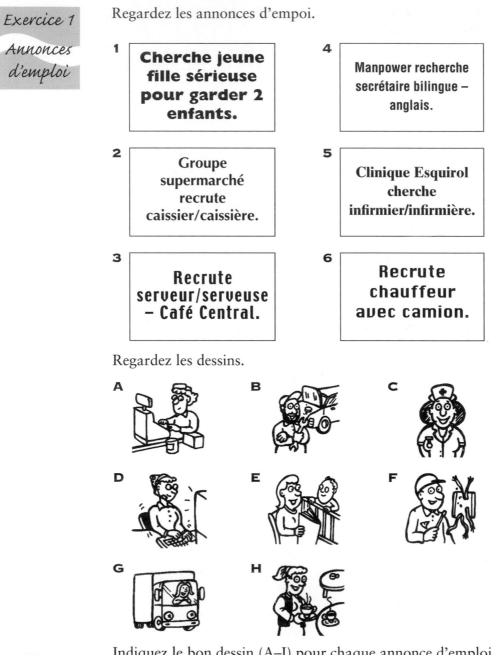

1 Cherche jeune fille sérieuse pour garder 2 enfants.

2 Groupe supermarché recrute caissier/caissière.

3 Recrute serveur/serveuse – Café Central.

4 Manpower recherche secrétaire bilingue – anglais.

5 Clinique Esquirol cherche infirmier/infirmière.

6 Recrute chauffeur avec camion.

Regardez les dessins.

A B C D E F G H

Indiquez le bon dessin (A–I) pour chaque annonce d'emploi.

Exemple: 1 + E

TOTAL 6 MARKS

Exercise 2

A job offer

Look at the following job offer.

HOTEL CONCORDE
LA FAYETTE
PARIS

Cuisiniers et Pâtissiers
(Expérience souhaitée)
Se présenter avec carte d'identité et photo
de 9h à 11h mardi 26 août
dans la Cuisine Centrale

Answer the following questions in English.

1 Which 2 jobs are advertised?

2 If you want to attend the interview which two things should you take?

3 When should you go for an interview? (time and date)

➡ PAGE 118

4 Where should you go?

TOTAL 7 MARKS

Exercise 3

Les ambitions des jeunes

Lisez les ambitions des jeunes.
Quel travail voulez-vous faire?

Coralie:
Je veux continuer mes études: je veux aller à l'université pour faire des études de mathématiques.

Adelle:
Moi, j'aime les enfants, surtout les petits enfants. Je voudrais travailler dans une école primaire.

Hélène:
Je veux travailler comme programmeuse: j'aime beaucoup les ordinateurs.

Paul:
La vie en plein air me plaît, l'agriculture aussi: je voudrais travailler à la campagne avec des animaux.

Rachid:
Je voudrais voyager, j'aime le contact avec le public et j'adore prendre l'avion.

Sarah:
Moi, je voudrais travailler dans un hôpital et aider les gens qui sont malades.

Choisissez un métier pour chaque personne.

Ecrivez la bonne lettre.

Exemple: Coralie – d (Etudiant/Etudiante)

1 Adelle		**A**	Vétérinaire
2 Hélène		**B**	Informaticien/Informaticienne
3 Paul		**C**	Médecin
4 Rachid		**D**	Etudiant/Etudiante
5 Sarah		**E**	Instituteur/Institutrice
		F	Fermier/Fermière
		G	Hôtesse/Steward de l'air

PAGE 118

TOTAL 5 MARKS

Exercice 1

Pour devenir un pompier

Lisez la lettre et la réponse.

> Plus tard, je veux être pompier. Mais je ne sais comment y arriver. En quelles matières faut-il être fort? Faut-il des examens, ou est-ce que je dois être un bon athlète?
>
> Soufiène, 15 ans
> Epinay-sur-Seine

> — Etre sapeur-pompier, c'est passionnant car la routine n'existe pas. Les pompiers sont 35 000 en France et ils doivent s'adapter à toutes les situations: incendies, accidents de route, fuites de gaz, inondations. . . Pour aider les victimes, tu n'as pas besoin d'être un athlète accompli mais tu dois être en bonne forme. Il faut être bon en endurance et en natation plutôt qu'en maths ou en français. Il y a deux catégories de pompiers, les volontaires qui travaillent en plus de leur travail "normal" et les professionnels. Les professionnels doivent passer un examen d'entrée. En attendant, tu peux intégrer une section "jeunes sapeurs-pompiers" dès l'âge de 10 ans. Renseigne-toi auprès de la caserne des pompiers.

Pour chaque phrase cochez VRAI ou FAUX.

Exemple: Soufiène voudrait être athlète.

1 Le travail d'un pompier est varié.

2 Il y a plus de 30 000 pompiers en France.

3 Pour faire ce métier on doit être un sportif accompli.

4 Pour faire ce métier il faut savoir nager.

5 Si on est volontaire, on ne fait pas un travail "normal".

6 A partir de six ans on peut faire partie des jeunes sapeurs-pompiers.

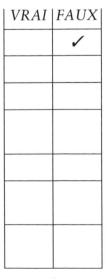

	VRAI	FAUX
Exemple		✓
1		
2		
3		
4		
5		
6		

TOTAL 6 MARKS

PAGE 118

Lis cette lettre.

Murviel, le 9 septembre

Chère Gaëlle,

Me voici de retour de mes vacances. J'espère que tu as passé de bonnes vacances au bord de la mer. Et ton job au café, ça t'a plu?

Moi, j'ai beaucoup aimé mon séjour à la montagne comme monitrice dans la colonie de vacances. C'était génial. J'ai d'abord fait un stage de deux semaines de formation: j'ai appris comment aider à préparer les repas et beaucoup sur les responsabilités d'une monitrice. J'ai travaillé pendant cinq semaines. C'était à moi d'accompagner un groupe de sept enfants âgés de huit à onze ans. D'habitude ils passent huit jours à la colonie.

On se levait tôt le matin: le travail commençait tôt le matin et finissait avec le coucher des enfants. Il y avait des activités sportives: on se promenait dans le village et on faisait des sorties à vélo et à cheval. Je participais aussi à des randonnées en montagne et à des descentes de la rivière en canoë. C'était super mais pas sans de mauvais moments. . . Un jour, j'ai "perdu" un de mes enfants dans le village. J'ai eu peur. . . mais je l'ai retrouvé devant la poste une demi-heure plus tard! J'ai trouvé le travail fatigant: être avec des enfants toute la journée, ce n'est pas facile! J'admets que je me suis fâchée de temps en temps surtout quand ils ne voulaient pas se coucher. J'en garde quand même de bons souvenirs!

Ecris-moi bientôt!

Ton amie

Amandine

Choisis la bonne réponse – A, B ou C.

Exemple: Gaëlle a travaillé dans. . .
   A un hôtel.
   B un café. ✓
   C un magasin.

1 Amandine a travaillé. . .

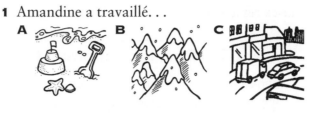

A   B   C

2 Amandine a travaillé. . .
   A une quinzaine de jours
   B pendant plus d'un mois
   C pendant 5 mois

3 Quel âge avaient les enfants?
   A 7–8 ans
   B 7–11 ans
   C 8–11 ans

4 Quelles étaient les heures de travail d'Amandine?
   A 8h–12h
   B 9h–17h
   C du matin au soir

5 Que faisaient les enfants?

A   B   C

6 Un jour, Amandine a eu peur parce qu'un enfant
   A avait disparu.
   B avait eu un accident.
   C avait perdu son argent à la poste.

7 Pour Amandine, quel était le moment le plus difficile de la journée?

A   B   C

PAGE
118

TOTAL 7 MARKS

Exercice 1

Jean-
Charles

Lisez cet article.

Jean-Charles, commandant de bord

Jean-Charles Corbet passe la plupart de ses journées la tête dans les nuages. Depuis 5 ans, il est commandant de bord sur un Airbus 320 chez Air France. Sa profession, il l'a choisie à 4 ans quand un pilote en Afrique l'a emmené faire un tour en avion. "C'était magnifique: on voyait des lumières fantastiques. Alors j'ai fait des études de maths." Après plusieurs années de vol, il est maître à bord des airbus qu'il pilote. Tous les membres de l'équipage et ceux qui travaillent à l'aéroport autour de son avion sont sous son autorité. Il est responsable de la sécurité des passagers. Pour assumer ces fonctions il faut montrer son autorité et être capable de répondre à n'importe quelle situation. Les journées d'activité durent 10 heures. Mais même s'il ne voit pas beaucoup sa famille, s'il est souvent stressé, il ne regrette rien. "Moi, j'adore cette situation d'être libre et le plaisir de voler."

Répondez aux questions en français.

Exemple: Que fait Jean-Charles comme métier?
Il est pilote.

1 Quand est-ce qu'il a décidé d'être pilote?

2 De qui Jean-Charles est il responsable? Donnez 3 détails.

3 Quels sont les inconvénients de son métier? Donnez 2 détails.

4 Choisissez le mot qui décrit le mieux ses sentiments quand il est dans le ciel:

le regret
l'indépendance
la peur

➡ PAGE 119

TOTAL 7 MARKS

Exercice 2

Les parcs d'attractions

Lis cet article et remplis les blancs avec un mot de la liste.

Travailler dans un parc d'attractions

Les parcs d'attractions et loisirs tels que Le Futuroscope et Astérix accueillent de plus en plus de **(1)** _visiteurs_ et une formation d'opérateurs a été **(2)** _____ en place.

Plus d'une centaine de jeunes filles et jeunes gens âgés de **(3)** _____ de 26 ans vont ainsi être **(4)** _____ chaque année. Aucun **(5)** _____ d'études n'est demandé mais les candidats doivent aimer le **(6)** _____ avec le public et être résistants à passer des journées entières **(7)** _____ , en extérieur comme en **(8)** _____ . Le contrat de qualification, d'une durée de 18 à 26 mois,

(9) _____ 6 mois de formation. Les jeunes s'entraînent à la **(10)** _____ d'une langue étrangère, affinent leurs connaissances en français et s'initient à l'accueil et **(11)** _____ d'activités pour enfants et à l'accompagnement de groupes du **(12)** _____ âge. La sécurité figure aussi dans la formation. Toutes les **(13)** _____ de vente font également partie du programme, notamment celles qui sont liées à la restauration.

La formation est gratuite et **(14)** _____ de 30 à 75% du **(15)** _____ minimum selon l'âge du jeune.

Exemple: **1** visiteurs

comprend	formés	moins	quatrième
contact	hiver	niveau	rémunérée
debout	intérieur	points	salaire
~~visiteurs~~	l'organisation	plus	techniques
examen	mise	pratique	troisième

PAGE 119

TOTAL 7 MARKS

Exercise 3

Emplois-jeunes

Read the following article.

Emplois-jeunes "C'est ma chance"

Le "plan emploi-jeunes" a été lancé par le gouvernement en 1997. *Phosphore* est allé voir des jeunes qui font ces "nouveaux emplois".

40 000 jeunes de 18 à 26 ans ont déjà profité d'emplois-jeunes. Ils sont employés pour cinq ans et payés au Smic (le salaire minimum légal).

Christophe et Nicole "aides-éducateurs"

Christophe et Nicole font partie des "aides-éducateurs" que l'éducation nationale embauche en 1998. Leur job? Animer des ateliers d'écriture et de lecture et initier à l'informatique les enfants de l'école Jenner, à Paris. Leur "emploi-jeune" les rend heureux. Les instituteurs nous le disent: sans nous ils pourraient faire moins de choses. On sent qu'on répond à un besoin.

Motivés et déterminés, Christophe et Nicole comptent bien après leur contrat de 5 ans continuer à travailler avec les enfants. Nicole veut même devenir institutrice. Tous les deux disent qu'un emploi-jeune, "c'est 5 ans de salaire et un vrai travail qui sert à quelque chose".

Answer the following questions in English.

Example: Who launched the young people's employment project?
The government

1 Give 3 details about the project since it started in 1997.

2 What do Christophe and Nicole do? (Give 2 details)

3 Why do Christophe and Nicole feel happy in their work? (Give 2 details.)

4 Give 2 words which best describe Christophe and Nicole's attitude to their job.

5 What does Nicole want to do when her contract has finished?

6 Why do Nicole and Christophe like their job? (Give 2 details.)

TOTAL 11 MARKS

PAGE
119

UNIT 10 GLOBAL ISSUES

Section One

Exercice 1

Quelques dates importantes en France!

Pour chaque jour (1–7) choisissez la bonne date.

Exemple: Le poisson d'avril = *c* (le 1er avril)

1 La veille de Noël

2 La Saint-Valentin

3 La Fête Nationale

4 La Saint Sylvestre/ la veille du Nouvel An

5 Le Jour de Noël

6 Le Jour de l'An

7 Le poisson d'avril

A le 14 juillet

B le 1er janvier

C le 1er avril

D le 24 décembre

E le 31 décembre

F le 25 décembre

G le 14 février

H le 15 août

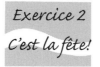
PAGE 120

TOTAL 6 MARKS

Exercice 2

C'est la fête!

Regarde les dessins (A–G).

A  **B**   **C**   **D**

E   **F**   **G**

91

Fais correspondre les invitations et les annonces (1–7) aux dessins.

Exemple:

> Etienne, pour fêter la fin des examens on va faire un barbecue chez moi ce soir.
>
> Marielle

= C

---

1 Yves et Marie-Noelle Jardy ont la joie d'annoncer la naissance de leur fils, Maxime.

---

2 Chère Amandine,
C'est mon anniversaire!
On va aller en boîte (je sais que tu adores danser!) samedi prochain.
Caroline

---

3 Chers Amis, on va fêter les 25 ans de mariage de mes parents au restaurant du Parc le 20 août.
Kévin

---

4 *Renaud et Agnès ont le plaisir d'annoncer leurs fiançailles.*

---

5 *Monsieur et Madame Jacques Panis ont le plaisir de vous faire part du mariage de leur fille*
Helene avec Jamel
A l'église Notre Dame le 20 août à 16 heures.

PAGE 120

TOTAL 5 MARKS

Lisez cet article.

La journée de Farid, enfant égyptien

Je m'appelle Farid. J'ai 10 ans. J'habite dans une banlieue pauvre du Caire, la capitale de l'Egypte. Je travaille, je suis potier – je fais des pots de terre, je fais dix heures par jour, tous les jours de la semaine. A la fin de la journée, je suis payé quatre francs cinquante.

Le matin, je me lève tôt vers six heures et je prends du pain et une purée d'haricots. Après, je vais au travail à pied. Je commence à sept heures du matin et je finis à cinq heures du soir. J'ai trois pauses de vingt minutes par jour. Quand je ne travaille pas, je vais voir ma mère et mes frères.

Le soir, j'aide ma mère et je joue avec mes frères. D'habitude je mange un plat simple, du pain et de la purée de légumes ou de la soupe. Je dors sur un bout de carton – je n'ai pas de lit.

Moi, je suis assez content, j'aime mes parents, je mange tous les jours et j'ai du travail mais je voudrais aller à l'école comme les enfants dans les pays riches.

Choisissez la bonne réponse.

Exemple: Où habite Farid?
   A en Egypte ✔
   B en France
   C en Inde

1 Quel travail fait Farid?
   A   **B**   **C**

2 Quels jours de la semaine travaille-t-il?

   A de lundi à vendredi

   B de lundi à samedi

   C de lundi à dimanche

3 Combien d'argent est-ce qu'il est payé?

   A 4F50 par heure

   B 4F50 par jour

   C 4F50 par semaine

4 Que fait-il à 7 heures du matin?

5 Qu'est-ce que Farid voudrait faire dans la vie?

PAGE 120

TOTAL 5 MARKS

Exercise 1

children's rights

Read the following letter to a magazine about children's rights –
Les "droits de l'enfant".

"Quels sont les 5 droits que vous aimeriez avoir en priorité" –
Adrienne, Nantes

Chère Adrienne, je trouve ta question très intéressante car nous
sommes tous concernés pas "les droits de l'enfant". Mais certains
ne possèdent pas ces droits.

Les cinq droits que je trouve de plus en plus importants sont: (1) le
droit d'aller à l'école car tout le monde n'a pas cette chance; (2) le
droit d'aimer et de se sentir aimé par les autres; (3) le droit de
s'exprimer, de dire nos idées et d'en parler autour de nous; (4) le
droit d'être différent des autres; (5) le droit de découvrir d'autres
lieux, de communiquer. Voilà les droits que je pense être
prioritaires.
Daphné, Noisy-le-Sec

➡ **PAGE 120**

Name in ENGLISH the 5 rights Daphne thinks are important.

TOTAL 5 MARKS

Lisez le texte suivant.

Aidons Les Restos du Cœur à Donner un Repas à tous les Bébés

Les Restos du Cœur Bébés permettent d'aider les familles en difficulté qui ont des enfants de 0 à 18 mois, en leur offrant les produits nécessaires à une bonne alimentation.

Pourquoi EVIAN aide les Restos du Cœur Bébés?

Parce qu'Evian est concernée par le bien-être des bébés. Evian est particulièrement recommandée pour les bébés et les femmes enceintes en raison de sa pureté et sa composition minérale.

Comment EVIAN aide les Restos de Cœur Bébés?

Evian donne aux Restos du Cœur Bébés de l'eau en quantité suffisante pour tous les enfants qui en ont besoin. Evian contribue aussi à l'achat de produits et de matériel.

Vous aussi pouvez aider les Restos du Cœur Bébés:

1. Collectionnez 12 étiquettes de vos bouteilles.

2. Envoyez-les à Opération Evian.

Pour 12 étiquettes renvoyées, vous permettez aux Restos du Cœur Bébés d'offrir un repas complet à un bébé.

C'est vrai ou faux?

Cochez la bonne case.

	VRAI	FAUX
Exemple: Les Restos du Cœur est une marque d'eau minérale.		✓
1 Les Restos du Cœur donnent de l'argent à des familles en difficulté.		
2 Les familles en difficulté reçoivent de quoi manger et boire pour leurs bébés.		
3 L'eau d'Evian est recommandée pour les femmes qui attendent des bébés.		
4 Evian offre de l'eau gratuitement à l'association Restos du Cœur Bébés.		
5 Evian donne de l'argent à l'association Restos du Cœur Bébés.		
6 Si on veut aider, il faut collectionner 10 étiquettes des bouteilles.		
7 Il faut envoyer les étiquettes à l'opération Evian.		
8 Pour chaque dizaine d'étiquettes Evian offrira un repas à un bébé.		

TOTAL 8 MARKS

PAGE
120

Lis ce texte.

Strasbourg, une journée sans voitures.
On roule "vert"!

En France, le mardi 22 septembre, 35 villes étaient privées de voitures, dont Strasbourg, ville-modèle dans la lutte contre la pollution.

9h: On ne passe plus!

Au-delà de cette limite, les voitures sont interdites. Pas question donc pour les véhicules fonctionnant à l'essence et au gazole d'entrer dans le centre historique de Strasbourg. Seuls les bus, les taxis, les véhicules électriques et à gaz (GPL, GNV), les vélos et les piétons peuvent passer.

9h30. Vélo ou tram?

Des vélos sont à la disposition des gens qui arrivent à la gare. Pour 10F, ils peuvent obtenir un "Pass-Strasbourg qui leur permet de prendre le bus, le tramway, un vélo et d'essayer un véhicule électrique."

Les automobilistes doivent laisser leur voiture au parking.

11h: Des rue calmes.

Moins de bruit, pas de klaxons pas de mauvaises odeurs . . . c'est agréable et comme dit Julie "C'est aussi très bien pour les touristes, ils peuvent se promener tranquillement. En plus, ça abîme moins les monuments comme la cathédrale."

12h. C'est la fête.

Place Kléber – des animations sont organisées (balades à vélo, des essais de voitures électriques).

14h. Place aux vélos.

Le vélo est roi à Strasbourg. Aujourd'hui, mais aussi le reste de l'année avec 300 kilomètres de pistes cyclables construites depuis 1992.

15h. Vive le tramway!

Depuis plusieurs années, Strasbourg cherche à mettre fin aux voitures pour limiter la pollution. La ville favorise le vélo et le tramway et le résultat est excellent: les gens prennent de moins en moins leur voiture et empruntent de plus en plus les transports en commun.

Choisis la fin de chaque phrase.

Écris la bonne lettre.

Exemple: Le 22 septembre, la ville de Strasbourg . . .
(**E**) *a défendu aux voitures d'entrer en ville.*

1 Seuls les transports en commun. . .

2 Les gens qui arrivaient en train pouvaient. . .

3 Les conducteurs de voiture étaient obligés. . .

4 L'avantage pour les piétons c'était qu'ils. . .

5 Julie croit que la pollution causée par les voitures. . .

6 On fait construire des pistes cyclables. . .

7 La politique de Strasbourg donne beaucoup d'importance. . .

A pouvaient marcher calmement
B avaient le droit de circuler.
C depuis plusieurs années.
D à la réduction de pollution.
E ~~a défendu aux voitures d'entrer en ville~~.
F acheter une carte qui donnait accès à d'autres moyens de transport.
G de laisser leur voiture à l'extérieur de la ville.
H détruit les monuments historiques.

PAGE 121

TOTAL 7 MARKS

Exercice 2

Avez-vous un rêve à réaliser?

Lisez les textes suivants.

Leslie: "Des rêves, j'en ai plein la tête mais celui qui me tient le plus à cœur est de sauver des baleines. Ces animaux représentent la liberté et le rêve. On les a tellement chassés qu'ils ont bien failli disparaître. On les chasse pour les étudier ou pour en faire des cosmétiques. On ne se rend pas compte qu'en tuant les baleines, on détruit l'écosystème."

Solène: "Moi, je rêve de changer le monde! Prendre une baguette magique et faire dispaître la guerre, la drogue et la violence."

André: "Moi aussi, j'ai un rêve, mais ce n'est pas un rêve comme les autres. Mon rêve n'est pas de devenir le meilleur basketteur du monde . . . Non, mon rêve, c'est d'un jour devenir médecin et d'aller travailler dans un coin tout à fait perdu, en pleine savane tanzanienne ou alors dans un petit village à 500 km d'une ville importante en pleine jungle indienne . . . Pouvoir aider les plus pauvres . . . pouvoir soigner et sauver des vies, mon rêve est de me sentir utile."

Xavier: "Je fais le rêve qu'un jour, chaque noir de ce pays, chaque homme de couleur dans le monde entier sera jugé sur sa valeur personnelle plutôt que sur la couleur de sa peau et que tous les hommes respecteront la dignité de la personne humaine: parole de Martin Luther King. Je suis d'accord avec lui."

Marie-Odile: "J'ai un grand rêve: écrire des romans (dont celui de ma vie) après avoir effectué des voyages dans le monde entier. Découvrir d'autres pays et d'autres cultures, ça sert à comprendre l'humanité."

C'est qui?

Répondez aux questions en écrivant le bon nom. Vous pouvez utiliser les noms plusieurs fois.

Exemple: Qui voudrait un monde de paix? Solène

1 Qui est contre le racisme?

2 Qui s'inquiète de l'avenir des espèces en danger?

3 Qui voudrait que tous les hommes soient égaux et qu'ils se respectent?

4 Qui veut sentir qu'on a besoin de lui?

5 Qui voudrait voir l'harmonie entre les animaux et les hommes?

6 Qui voudrait explorer tous les continents du monde?

PAGE
121

7 Qui veut venir en aide aux gens les plus démunis?

TOTAL 7 MARKS

Exercise 3

"SOS mer propre"

Read the following newspaper article.

Environnement – Une campagne "SOS mer propre"
Comment apprend-t-on aux enfants à respecter la mer?

Quand on habite en plein cœur du XVIII arrondissement de Paris, le bruit des vagues a des accents lointains. Difficile, dans ces conditions, de sensibiliser un groupe d'adolescents parisiens au respect de l'environnement sur le littoral. C'est pourtant le pari que vient de lancer Stéphane Delhomme, dans le cadre de l'opération SOS mer propre. Directeur du centre culturel Agora-Mebert, Stéphane accompagnera cet été quinze jeunes, tous originaires du même quartier et âgés de quatorze à dix-neuf ans, à Dunkerque (Nord) pour nettoyer la plage de Malo-les-Bains.

Il y a deux ans, cette ville a perdu son drapeau bleu, label de référence européen qui permet d'identifier les plages propres. "Grâce à l'intervention des jeunes, nous espérons bien voir cette plage redevenir aussi propre que par le passé." Avant d'effectuer leur voyage d'été, tous les adolescents (sept filles et huit garçons) recevront une formation scientifique d'une journée sur le thème de l'océanographie en mer du Nord. Une fois sur place, ils pourront également échanger des informations avec les autres adolescents de la région sur les problèmes de pollution locale.

"C'est une occasion pour nous de changer la mauvaise image des Parisiens qui passent pour les principaux pollueurs de plage pendant l'été" explique Maher, dix-sept ans.

"Et puis, comme ça au moins, on rend nos vacances utiles" estime de son côté Cédric, seize ans, lui aussi du voyage. Pour Stéphane Delhomme, il s'agit avant tout de sensibiliser les jeunes. "L'essentiel est de créer chez eux une sorte d'esprit écologique au quotidien."

Answer the following questions in English.

Example: What is the main aim of "SOS mer propre"?
To teach children to respect the coastal environment.

1 Why does the author say it is difficult to make young Parisians respect the coastal environment?

2 Who is going to Malo-les-Bains with Stéphane? (2 details)

3 What will they be doing there?

4 What happened in Malo-les-Bains 2 years ago?

5 What kind of preparation will be necessary before the trip?

6 What idea do people on the coast have of Parisians, according to Maher?

7 What does Cédric say about the trip?

8 In what way does Stéphane want to affect the daily lives of young people?

TOTAL 9 MARKS

Section One

Exercice 1 Mon animal domestique

> **TIP**
>
> The essential word to match in each case here is the noun following *un/une*.

1 E **2** A **3** G **4** F **5** B

TOTAL 5 MARKS = 4

Exercice 2 C'est moi!

> **TIP**
>
> Remember the questions are in the order of the information in the text.

1 C **2** C **3** B **4** C **5** A

TOTAL 5 MARKS = 4

Exercice 3 Correspondants

> **TIP**
>
> Read the questions first then try sifting through the information. Don't just plunge into the extracts. Read them with the questions in mind. Remember here that the instructions state that you can use the names several times – not once only.

1 Alex **2** Marie-Amandine **3** Julien
4 Marjorie **5** Julien **6** Céline
7 Marie-Amandine **8** Alex

TOTAL 8 MARKS = 6

Section Two

Exercice 1 Lettre à un magazine

> **TIP**
>
> The key to this exercise is the opening sentence, *J'en ai assez* – I've had enough – which sets the scene for Angélique's comments about her sister Yasmine.

1 Faux
2 Vrai
3 Faux
4 Vrai
5 Vrai

TOTAL 5 MARKS = 4

Exercice 2 La vie de famille

> **TIP**
>
> Read through the letter first to get the general picture. Look at the list of words then use your dictionary to check the meaning of words you don't know. Put in the words of which you are certain first and cross them off the list as you go.

2 aînés **3** neuf **4** gentils **5** strict
6 amis **7** différent **8** travaille
9 rien **10** partager **11** unique

TOTAL 10 MARKS = 7

Exercice 1 Faudel

> **TIP**
>
> It is a good idea to read the text quickly to get a flavour but read the questions very carefully and check vocabulary in the options before you try to answer!

1 C **2** B **3** C **4** C **5** A **6** C

TOTAL 6 MARKS = 4

Exercice 2 Ma vie à 15 ans

> **TIP**
>
> Use the English questions here to help you approach your first reading of the text. It will make things easier.

1 politics **2(I)** She failed her exam to become a (primary) teacher. (Primary teacher is an extra detail) **(II)** She didn't have enough money to pay for her studies. **3** There was not enough money (anything which gives the idea of lack of/insufficient money). **4** She had few activities which cost money (e.g. she went dancing but didn't go to the cinema). (The main idea here is that she avoided expensive pastimes) **5** She read a lot.

TOTAL 6 MARKS = 4

Exercice 3 Les opinions des jeunes

> **TIP**
>
> Again, adopt a method of reading the questions and checking their meaning if you are at all unsure. Then, look for the information in the texts. In exercises like this there is always one extra name.

1 Gaëlle **2** Augustin **3** Eric **4** Anne **5** Cindy

TOTAL 5 MARKS = 4

UNIT 2

Section One

Exercice 1 C'est quelle pièce?

> **TIP**
>
> Remember to revise the rooms in the house!
> *la pièce* = the room

1 6 **2** 1 **3** 3 **4** 8 **5** 4 **6** 2

TOTAL 6 MARKS = 4

Exercice 2 En ville

> **TIP**
>
> If you're stuck, think of what you do in each place on the map then try the exercise. Look for linked ideas, e.g. film + cinema.

1 I **2** B **3** L **4** C **5** A **6** G **7** K

TOTAL 7 MARKS = 5

UNIT 1

Section One

Exercice 3 Chez moi

TIP

Remember to read the questions first before you read the text – try to visualise Thierry's house in your head as you are reading. In Questions 2 and 3 tick off the things in each option – work on it like a process of elimination.

1 C; *au bord de la mer* = seaside/coast; the countryside would be *à la campagne*
2 B; *une grande cuisine avec coin salle à manger: coin* = corner = a dining area in the kitchen   **3** A; *un canapé* = a settee; *un lit-canapé* = a sofa bed   **4** C; the bit to look for in the text is – *Je voudrais une télé pour mon anniversaire.*   **5** B; *amis* = *copains* – look for this in the text   **6** A; *inconvénient* = inconvenience = disadvantage = *il n'y a pas de jardin.*

TOTAL 6 MARKS = 4

Section Two

Exercice 1 Les tâches ménagères

TIP

You have to pick two tasks per person – look at the pictures first – they may remind you of vital vocabulary! But don't use a dictionary to look up all the vocabulary for each picture. Go next to the different texts, then back to the pictures. If you get stuck then look up the vocabulary in the text if you need to!

une tâche ménagère = a household task
Delphine = F + A   Guy = E + J   Jean-Luc = L + D   Bruno = M + B
Sylvie = K + I

TOTAL 10 MARKS = 7

Exercice 2 Ma routine quotidienne

TIP

Here you have to read text 1 first. Text 2 gives you the same story but told in a different way. You need to choose the right word from the list to fill in the box. Think of the routine of Isabelle's day in France. Think of her performing the actions as you read. Next, look at the words A–O and check their meaning. Now have a go at filling in the blanks!

1 E **2** A **3** H **4** J **5** M **6** F
7 B **8** N **9** D **10** L – be careful not to confuse L with K   **11** I   **12** K

Think carefully of the order of events here. Remember to read *avant* (before) and *après* (after) correctly, e.g. *avant de prendre* = before taking/having, *à la fin* = at the end of, *jusqu'à* = until; *pour préparer* = in order to prepare.

TOTAL 12 MARKS = 9

Section Three

Exercice 1 Isabelle

TIP

Remember to look for time markers – *quand* = when, *puis* = then. Look out for time markers in questions, e.g. *avant de rentrer* = before going home. Read the questions before you have a thorough read of the text.

105

1 C; Beware! *peu d'argent* = little (i.e. not much money) but *un peu d'argent* = some/a bit of mney and gives the opposite idea. **2** C; *copains/amis* = friends. **3** B; *faire la grasse matinée* = to have a lie in. **4** C; Beware! *Toutes les 3* appears in the text but that number = 2 friends + Elodie! **5** C; *l'heure anglaise* = the English time. **6** A; She says she is always cold. The idea in the question is what does she miss – if she is cold she misses the warmth. Beware the tense of *manquait* – she used to miss her friends.

TOTAL 6 MARKS = 4

Exercice 2 Strasbourg

> **TIP**
>
> Try and imagine how Strasbourg might look as you read the text. Read the true/false questions carefully then read the text again.

1 Vrai: *plus de* = more than; the text says *environ* = about/approximately. **2** Vrai: *la frontière allemande* = the German frontier; *L'Allemagne* = Germany **3** Faux. **4** Vrai. **5** Faux. **6** Faux: *le 16ème siècle* = 16th century, i.e. in the years between 1500 and 1600. **7** Vrai: *piétonne* = pedestrian. **8** Vrai. **9** Faux: tense here is important. *On va faire construire* – future time – but the tramway already exists. **10** Vrai.

TOTAL 10 MARKS = 7

Exercise 3 Madagascar

> **TIP**
>
> Read the questions first!

1 annoyed/indignant/cross **2(I)** She has read an article/report about Madagascar. **(II)** (In it) only bad things were mentioned/only negative things were highlighted/talked about. There are several ways to express this – try to give the idea of (1) a report on Madagascar which (2) reported only negative things (e.g. a backwards country – *un pays arriéré*) or that the people are not "civilised". **3** It is one of the poorest countries in the world/it is a very poor country/there is great poverty. An idea of the amount of poverty is needed (i.e. a lot). **4** The key phrase here is *ne* décrit *que* = only describes. The term *campagnes reculées* expresses the idea of backwards areas of the country. **5** The life of the other part of the country. **6** The shanty towns (*bidonvilles*) + the beggars (*mendiants*). **7(I)** wonderful/magnificent beaches **(II)** a great variety of wildlife/plants/animals which can only be found there.

TOTAL 10 MARKS = 7

Section One

Exercice 1 Des activités

> **TIP**
>
> In this matching exercise, if you're stuck, look up the first line of each item (A–H only) *V.T.T. = vélo tout terrain*.

1 C **2** A **3** H **4** F **5** D **6** E

TOTAL 6 MARKS 👍 = 4

Exercice 2 Quelle sort de film préfères-tu?

> **TIP**
>
> This exercise concentrates on film types. You have to write the name of the person by each film type. It may help to look at the pictures first!

1 Nicolas **2** Cécile **3** Renaud
4 Sophie **5** Alex **6** Marianne

TOTAL 6 MARKS 👍 = 4

Exercice 3 Les loisirs

> **TIP**
>
> You are looking here for alternatives meaning the same thing, e.g. *nager + la natation, la lecture + lire*. Remember the questions are in the order of the letter.

1 Vrai **2** Faux **3** Vrai **4** Faux
5 Vrai **6** Faux

TOTAL 6 MARKS 👍 = 4

Section Two

Exercice 1 Le BMX – le bicross

> **TIP**
>
> Read the questions and check unknown vocabulary before you read the text!

1 B: do not mix up *pilote* (airline pilot) with *pilotes de BMX* (BMX riders).
2 A: the clue here is *début des années soixante-dix* = At the beginning of the 70's.
3 B: the film *ET* caused the popularity of the BMX bike.
4 C: *Pour avoir des renseignements* = (In order) to get information about.
5 C: *le casque est obligatoire* = on doit porter le casque.

TOTAL 5 MARKS 👍 = 4

Exercice 2 Une lettre à Sandrine

> **TIP**
>
> Read the letter carefully. The following paragraph tells the same story about Axelle but has words missing – find the right one in the list. Read the list carefully and check the meanings of words you don't know before you do the exercise (e.g.

1 nouveau **2** allée **3** rencontré
4 goûts **5** beau **6** vu **7** mangé
8 contents **9** rentrée **10** oublié
11 dimanche **12** promenade
13 musique **14** sortir

Give yourself half a mark for each one correct and divide your score by 2 to give a mark out of 7. If you make a spelling mistake, don't worry but do try to copy correctly.

TOTAL 7 MARKS 👍 = 5

UNIT 3

Section Three

Exercice 1 Dr Dolittle

> **TIP**
>
> Remember to answer in English. Read the English questions first then you will know exactly what you are looking for!

1 young and brilliant (1 + 1)
2 driving his car (1) **3** he can understand animals talking (the language of animals) (1) **4** animals ask him for help (1) **5** understand/hear the animals talking (1) **6** these can be in any order (1 + 1 + 1)
I. animals are as noisy as humans (key word = noisy = *bruyants*) **II.** they are as talkative as humans (key word = *bavards*) **III.** animal and human behaviour is the same (key word = *comportement*)

TOTAL 9 MARKS = 6

Exercice 2 Les jeux paralympiques

> **TIP**
>
> Keep the French simple – full sentences are not always needed. Use the picture and the title to set the scene before you read. Remember if the questions are in French, answer in French. If you answer in English you can not gain any marks!

1 *Il a pris part/participé aux Jeux paraolympiques de Nagano.* **2** *Les Jeux sont un sommet pour lui* (a summit of achievement) or *une victoire sur la vie* (a victory over life). **3** *(Il a fait) du vélo à bras* (you need the *à bras*).
4 *valides* expresses here the idea of able bodied. *Il a skié avec des gens non-handicapés/qui ne sont pas handicapés.*
5 The idea of being *fort* – strong – in your head is to get over the pressure of the games – *pour surmonter la pression des Jeux/des gens*. **6** several possibilities here: either living with the Olympic competitors or the idea that he liked the atmosphere in the village or just he liked the village. **I.** *habiter avec les autres compétiteurs*
II. *l'ambiance du village* **III.** *le village*
7 *fierté* = pride. *(Il était fier) d'être capitaine de l'équipe de France.*

TOTAL 7 MARKS = 5

Exercice 3 Elisabeth et le rugby

> **TIP**
>
> Here statements 1–6 are in the same order as the text – choose the most appropriate end to each statement. Be careful: there are more possibilities in A–I than questions. Grammar can also help here e.g. *le droit* is followed by *de* if it goes before a verb in the infinitive. The text is quite difficult so make sure you know what 1–6 mean before you have a go.

1 G **2** H **3** B **4** A **5** F **6** D
TOTAL 6 MARKS = 4

Section One

Exercise 1 Au camping

TIP

As you read the advert try to visualise it! If you need to, look up the words in the advert rather than the words for the pictures (which you may not need anyway).

Ticks for the following pictures:
1, 3, 4, 6, 9.

TOTAL 5 MARKS = 4

Exercice 2 La Météo

TIP

The keywords here are *vent, froid, pleut, soleil, neige* and *orage*. Look them up if you are stuck! But do the ones you are sure of first – that way you'll have less to look up.

1 E **2** G **3** H **4** F **5** B **6** A

TOTAL 6 MARKS = 4

Exercice 3 Vacances à Arcachon

TIP

Make sure you know what each person wants. NB. *la bonne cuisine* = good cooking.

1 C **2** B **3** A **4** A **5** C **6** B
7 C **8** A or C

TOTAL 8 MARKS = 6

Section Two

Exercice 1 Les publicités

TIP

Look at the pictures first!

1 E **2** D **3** G **4** A **5** F

TOTAL 5 MARKS = 4

Exercice 2 On prend le train!

TIP

There is quite a lot of information here. Use the categories in the grid to help you read the advert (i.e. age, trip details). NB. *aller-retour* = return; *trajet* = journey.

1 Découverte **2** Carte 12–25
3 Découverte à deux **4** Découverte senior

TOTAL 4 MARKS = 3

Exercice 3 Une lettre de Hélène

TIP

Remember Hélène is writing to Céline. The questions 1–6 are in the order of the information in the letter.

1 Faux. *Elle a travaillé* or *Elle est allée en vacances en août* **2** Faux. *Elle a travaillé comme serveuse* **3** Vrai.
4 Vrai. **5** Faux. *On y mange tard.*
6 Faux. *Elle est rentrée pour aller à l'école.*
1 mark per correct *Vrai/Faux* plus one mark for each corrected statement

TOTAL 10 MARKS = 7

Exercise 1 A letter of complaint

> **TIP**
>
> Read the questions first! Remember if there are <u>two</u> details, there will be two marks on the question.

1 The noise in the hotel at night (1 mark) **2** The discos in the hotel and the building work. (2 details needed for 2 marks) **3** The service was poor/unsatisfactory; the food was good/of a good quality; the waiters were rushed/in a hurry; the meals were cold (Give any 2 of the above 4 details for 2 marks) **4** The air conditioning was not working (1 mark) **5** Untruthful/lies/misleading/lacking in truth (1 mark) **6** Reimburse/Give back part of the price of the stay (1 mark)

TOTAL 8 MARKS = 6

Exercice 2

> **TIP**
>
> On longer texts such as this, be careful of the tenses used. e.g. Q1, options B and C, are close in meaning ("opening") but B is in the future and C the past. Remember, *depuis* = since – when referring to time in the past carrying on into the present (e.g. *existe depuis* in 1A).

1 B **2** B **3** A **4** C **5** A

TOTAL 5 MARKS = 4

Exercice 3 Val d'Isère

> **TIP**
>
> Look up unknown words in the list first!

2 danger **3** vacances **4** fin
5 spectateurs **6** forêts **7** promenade
8 préférez **9** stage **10** autres
11 manquent

TOTAL 10 MARKS = 7

Section One

Exercice 1 A la pharmacie

1 point per answer
eye = E, throat/neck = C,
sunbathing = B, headache = A, insect
bite = G, cut finger = D

TOTAL 6 MARKS = 4

Exercice 2 Emergency phone numbers

TIP

Remember in this exercise all you need to
do is write the correct letter. If you get stuck
use a dictionary to check the first word only
of A–H and then make sure you read the
English questions thoroughly before
answering.

1 point per answer.
1 G **2** B **3** F **4** H **5** A **6** D

TOTAL 6 MARKS = 4

Exercice 3 Des problèmes de santé!

TIP

The first part of each sentence gives the
problem and then another clue is given such
as in Q2 – I can't walk – *je ne peux pas
marcher*. Remember all you need to do is
choose the correct one of three possibilities
and, in an exam, circle it on the paper (but
not on this book!)

1 à la tête **2** à la jambe **3** le doigt
4 à l'estomac **5** aux yeux

TOTAL 5 MARKS = 4

Section Two

Exercice 1 La Télécarte

TIP

You may need to look up several words
here. If you're stuck, *vous permet* = enables
you to, *appeler* = to call, *munies
de* = equipped with. This card is a card
which can only be used in France.

1 Vrai, **2** Faux, **3** Vrai, **4** Faux,
utiliser = to use; *un publiphone à pièces*
is a payphone (*une pièce de
monnaie* = a coin) **5** Vrai, **6** Vrai,
7 Vrai

TOTAL 7 MARKS = 5

Exercice 2 Des objets perdus

TIP

Here, you need to say what was lost and
where, so 2 letters are needed:

2 = E + J **3** = H + N **4** = C + L
5 = G + O **6** = D + I **7** = A + P
Give yourself 1 point for each correct
letter then divide by 2. If you get a half
mark, e.g. $4\frac{1}{2}$, round it up to the next
full number.

TOTAL 6 MARKS = 5

UNIT 5

Section Three

Exercice 1 Des problèmes en route

TIP

Full sentences are not always needed provided the message is clear! Make sure you read the question words correctly. Look up *quel*, *que*, and *pourquoi* if you are not sure of the meaning.

1 *(A Montpellier) Il y a eu/Il y avait un bouchon/un embouteillage/une queue au péage.* **2** *Elle avait (très) chaud dans la voiture* (*taper* + sun = to beat down). **3** *Elle est/la voiture est tombée en panne.* If you prefer, you could say that there wasn't enough water in the radiator. **4** *L'hôtel était complet* (the hotel was full) or *il n'y avait plus de chambres* (*ne . . . plus* = no more). **5** *Dans la voiture/sur une aire de repos sur l'autoroute.* **6** *Elle s'est réveillée trop tard* (she woke up too late) or *elle a trop dormi* (she slept too long). Do not merely put *elle est arrivée en retard* – a reason for her missing the ferry is needed. **7** *Oui, elle dit "je prendrai le train l'année prochaine"* – this clearly shows her intention to return!

TOTAL 7 MARKS = 5

Exercice 2 Un accident de la route

TIP

Read the article, then read the questions. Now read the article again. The questions may help you to understand better! Before you think of looking up vocabulary for the article, check the meaning of any words you don't know in the questions.

1 B; *eu lieu* – take place **2** C **3** B **4** C **5** A **6** B **7** C **8** A

TOTAL 8 MARKS = 6

Exercise 3 Safety in the mountains

TIP

The questions appear relatively simple but the text is quite tricky. Try to find the "general area" of text for each question then mark it off and study it more closely. Remember, some bits of text will not be needed so don't look up extra vocabulary!

1 11 people died in an avalanche.
2 It isn't getting any more dangerous. There are a lot more people (visiting the area). **3** Lots of people are not skiing the marked ski runs (*hors piste* = off piste, i.e. off the marked runs). **4(I)** it's too many/large **(II)** but relatively small given the number of skiers.
5 The stability of the snow can change quickly/It is difficult to know how safe the snow is. **6** Go virtual skiing on a computer! **7** Get information/advice from the guides or the ski school.

TOTAL 7 MARKS = 5

UNIT 6

Section One

Exercice 1 Aux magasins

> **TIP**
> Remember not to confuse A (*Charcuterie*) with D (*Boucherie*). At a *charcuterie* you can buy pork products such as *saucisson*, pâté, ham etc. In a *boucherie* you can buy all kinds of uncooked meat and poultry.

1 G **2** D **3** H **4** C **5** I **6** A **7** F

TOTAL 7 MARKS = 5

Exercice 2 At the supermarket

> **TIP**
> Remember when you do this exercise to be careful with the 24 hour clock, 19h30 = 7.30 pm not 9.30 pm. *Sans interruption* means without a break.

1 The shop is air-conditioned
2 12.30 **3** 6/Monday to Saturday
4 19.30 or 7.30 pm **5** It is open all day, or it doesn't close for lunch
6(I) It opens all day, Mon–Sat **(II)** It opens on Sunday mornings (9–12.30)

TOTAL 7 MARKS = 5

Exercice 3 On fait des achats

> **TIP**
> Here you need to match the price of the article to the written descriptions 1–7. The French do not use a decimal point, instead they use a comma e.g. 0.61 = 0,61.

1 0,70 **2** 19,70 **3** 0,68 **4** 0,78
5 45,30 **6** 1,06 **7** 0,45

TOTAL 7 MARKS = 5

Section Two

Exercice 1 En ville

1 C **2** A **3** C **4** B **5** B **6** B

TOTAL 6 MARKS = 4

Exercice 2 On achète des chaussures

> **TIP**
> You need to read through the dialogue here and choose the right phrase (A–I) to complete the dialogue. The letter for the right phrase needs to go in boxes 1–9 (three of which have been done for you).

1 (Exemple) C **2** F **3** E
4 (Exemple) I **5** G **6** H **7** B **8** D
9 (Exemple) A

TOTAL 6 MARKS = 4

Section Three

Exercice 1 Où faites-vous vos achats?

> **TIP**
> Remember to read through the 4 options first and get a general idea, then read through the statements 1–7 before re-reading the passages. There are 6 statements so you'll be able to use people's names more than once.

1 Grégoire **2** Christophe **3** Carole
4 Eliane **5** Eliane **6** Grégoire

TOTAL 6 MARKS = 4

Exercice 2 L'euro

> **TIP**
> Be careful with expressions of time – *à partir du* (from) and duration of time (e.g. *cette période durera 6 mois*). Remember *les pièces* = coins.

1 Vrai **2** Faux **3** Vrai **4** Vrai
5 Faux **6** Vrai **7** Faux

TOTAL 7 MARKS = 5

Exercice 3 Shopping on the Internet

1 A **2** A **3** B **4** B **5** C

TOTAL 5 MARKS = 4

UNIT 7

Section One

Exercice 1 A la brasserie

TIP

Don't start off by looking up the items in the menu – you only need to know the words for the eight pictures to be able to answer.

1 25F **2** 23F **3** 14F50 **4** 18F
5 12F **6** 55F **7** 38F **8** 12F50.

TOTAL 8 MARKS = 6

Exercice 2 Quel restaurant?

TIP

Read the adverts – look up any words you are not sure about; then read 1–7 and think which restaurant goes best with each.

1 C – the clue is *terrasse ensoleillée* (sunny terrace). **2** D – the word *musique* is the clue. **3** A – the clue here is *piscine* – swimming pool which matches *Je voudrais nager*. **4** B – *grillades* is grilled meat. *Viande cuite* (meat cooked) . . . *au feu de bois* (on a log fire). **5** A – *menus enfants* (children's meals). **6** B – pâtisserie (cake shop). **7** D – *emporter* = take away

TOTAL 7 MARKS = 5

Exercice 3 What's their favourite food?

TIP

It's a good idea here to read through the English statements before you read the four paragraphs – it will help you to read with a purpose!

Here, you need to tick only the correct statements. The following statements are correct: 2, 3, 4, 6, 8

TOTAL 5 MARKS = 4

Section Two

Exercice 1 Les allergies

TIP

The article is all about certain food types – *aliments* – which cause allergies.

1 Food products most likely to cause allergies: [c], d, h, l, e, i, n **2** Other products which may cause allergies: k, p, b, a **3** Food types which can easily be avoided (*évitable*): i, a **4** Foodtypes more difficult to avoid: j, o
Give yourself half a point for each correct letter then round up the number out of 7, i.e. $4\frac{1}{2}$ = 5/7.

TOTAL 7 MARKS = 5

Exercice 2 L'opération petit déjeuner

TIP

This article tells you all about a special breakfast taken at school. Read the questions before the text to guide your reading and then re-read them before you answer them. Remember to read "time" words, such as *d'abord* (Q3) (first of all) and *après* (after), with care, or else you will get the order of the pupils' actions confused.

1 B **2** A **3** C **4** B **5** C

TOTAL 5 MARKS = 4

Exercice 1 La santé des Français

> **TIP**
>
> Comparisons are important here, *plus/moins* and expressions of increase/decrease such as *baisse*. Other measurement terms such as *gagner* and *dépasser* may need to be looked up. Note that *s'abîmer* and *se gâter* are words with similar meaning (to spoil/become rotten).

1 moins **2** 1m 71 **3** prennent
4 d'obésité **5** se gâtent **6** n'ont
7 seulement **8** s'abîme **9** besoin
10 dûe.

TOTAL 10 MARKS = 8

Exercice 2 Une lettre à un magazine

> **TIP**
>
> Answers should be in French (remember full sentences may not be needed, e.g. Q1)

1 *un régime* **2** *Problèmes avec ses amis/ses parents/son lycée* (choose any 2) **3** *Elle a perdu ses amis et le moral.* **4** *Elle avait de meilleures relations avec ses parents/eux* or *Elle s'est mieux entendue avec ses parents.* If you've written *mieux* or *meilleures* then give yourself the mark. **5** *Une lectrice/Quelqu'un qui a écrit une lettre au magazine.* **6** *En parler/Parler de son problème avec ses parents.* **7** *La volonté.*

Give yourself 1 mark per question, 2 for Q2

TOTAL 8 MARKS = 6

Section One

Exercice 1 A l'école

TIP

Don't look up all the words here – for once all the words are in the questions. Instead look up the words for places 1–7 if you are stuck.

1 (Example) le gymnase, **2** la salle de classe, **3** la cantine, **4** le laboratoire, **5** la salle des professeurs, **6** la bibliothèque, **7** le terrain de foot

TOTAL 6 MARKS = 4

Exercice 2 L'emploi du temps

TIP

There is quite a lot of information on the timetable. Go straight to the numbers 1–9, as this is the only information you will need to be able to choose the right drawing. Nine school subjects on the timetable need to be matched up with the pictures.

1 (Example) = b, **2** h **3** i (history and geography are seen as one subject area in France), **4** f **5** d **6** a **7** g **8** k **9** e.

TOTAL 8 MARKS = 6

Exercice 3 Le collège de Sandrine

1 Faux, **2** Faux, **3** Faux, **4** Vrai, **5** Vrai, **6** Faux (it's the maths teacher who is strict), **7** Vrai (she says *je ne suis pas forte en maths* – I'm not good at maths, therefore she is *faible* = weak), **8** Faux, **9** Faux.

TOTAL 9 MARKS = 7

Section Two

Exercice 1 Le collège Victor Hugo

TIP

Remember, these are notes – single words and/or figures are all that is needed. Be careful to tick the right number of boxes in questions 5–7. Remember to read the notes first – they will help you to tackle the text.

1 1300/*mille trois cents*, **2** 100/*cent* **3(I)** *moderne*, **(II)** (*piscine*) + 2 *gymnases* + *bibliothèque* (3 marks – 1 per word), **4** 200/*deux cents*, **5** Be careful here, the instruction says choose 2 answers – skating + dance should both be ticked for the mark, **6** photography and languages should both be ticked, **7** The text says *devenir* – to become. Sacha wants to be a journalist (1 tick only here – if more than one is ticked no mark is given).

TOTAL 8 MARKS = 6

Exercice 2 Interview avec un éditeur scolaire

TIP

There are certain key words to check up here. They are *le cartable, peser, lourd* and *léger* which mean satchel/schoolbag, to weigh, heavy and light. Not many French students have lockers in schools so the authorities are experimenting on ways to lighten the load they carry. Remember that *la quatrième* = year 9 in this country. The instruction tells you to circle the right word (but not in the book!).

1 lourds, **2** légers, **3** 700g, **4** souples, **5** fragiles, **6** livres

TOTAL 6 MARKS = 4

Exercice 1 Les jeunes et leurs opinions

TIP

You have to write the name of the person alongside the question. Read the questions first to guide your reading of the texts. Look up any words in the questions which you're not sure about

1 Estelle, **2** Eric, **3** Magda,
4 Claire

TOTAL 4 MARKS = 3

Exercice 2 Le nouveau au collège

TIP

Beware! *Le racket* does not mean a noise! It is a type of bullying. This is a letter + reply taken from a problem page. Again, before you read the letters it may help to read the questions through first. Think clearly about the sequence of events described by Marc – what?, where?, when? – they are all important!

1 B **2** C **3** B **4** A **5** B **6** A

TOTAL 6 MARKS = 4

Exercise 3 Teachers and students

TIP

Read the questions and read with a purpose. Full sentences are not needed but make the message clear. Remember to answer in English __not__ in French!

1 Time going by (i.e. that the time passes by quickly). **2** S/he goes slowly into class/S/he drags his/her feet when s/he arrives at the classroom. **3** There are 3 main complaints: **I.** He marks harshly/too severely, **II.** He doesn't explain things well/properly, **III.** He goes too quickly (3 marks, 1 per item) **4** She had a series of bad marks (__not__ notes) and her maths teacher thinks she is stupid/doesn't make any effort/is lazy. **5** They reject them, + because (they) think) the teachers don't listen to them. (2 marks, 1 per item) **6** To please him. **7** They don't have enough time. **8** A school outing + It gives students the opportunity to see their teacher in a different way. (2 marks, 1 per item)

TOTAL 12 MARKS = 9

Exercice 1 Annonces d'emploi

TIP

Here you are matching the advert to one of the pictures. *Cherche* and *recrute* appear before the names of the jobs. Remember, in "matching" questions like this you'll always have extra options to choose from.

2 A **3** H **4** D **5** C **6** G

TOTAL 5 MARKS = 4

Exercice 2 A job offer

TIP

Remember to answer in English.

1 Cook and pastry cook (or cake maker) – (2 marks, 1 per item.)
2 Identity card and a photo – (2 marks, 1 per item.) **3** Between 9.00 am and 11.00 am/o'clock/from 9–11 in the morning (remember to put an indication of the morning in) on Tuesday 26th August (full date needed) – (2 marks, 1 for correct time, 1 for correct date)
4 The main (central) kitchen

TOTAL 7 MARKS = 5

Exercice 3 Les ambitions des jeunes

TIP

Here you have to match the people with the correct job. The names of the jobs are not mentioned in each person's comments so think about where and why they want to work before you match up.

1 Adelle = e, **2** Hélène = b,
3 Paul = f, (beware, do not put a vet (a) – animals are mentioned but other clues are mentioned: *l'agriculture* and *la*

vie en plein air), **4** Rachid = g,
5 Sarah = c.

TOTAL 5 MARKS = 4

Section Two

Exercice 1 Pour devenir un pompier

TIP

Remember to be careful of expressions such as *plus* (more than) with numbers in true/false exercises (e.g. Q2). Also do not answer by what you think is right according to your general knowledge. Always answer according to the information given in the text.

1 Vrai **2** Vrai **3** Faux **4** Vrai (*bon en natation* in the text = *nager* in the statement) **5** Faux (volunteers also have "regular" jobs) **6** Faux (you can join from the age of 10)

TOTAL 6 MARKS = 4

Exercice 2 La colonie de vacances

TIP

Remember – read the questions first here, it will help to guide your reading and give you a framework of events.

1 B **2** B **3** C **4** C **5** B **6** A
7 A

TOTAL 7 MARKS = 5

Exercice 1 Jean-Charles

> **TIP**
>
> Remember here full sentences are not always needed. If two details are asked for then do give two, not three! Write your answers in French, not English.

1 *A l'âge de 4 ans/Quand il avait 4 ans* Not *il y a 4 ans* which means 4 years ago. **2(I)** *les membres de l'équipage* (members of the crew) **(II)** *les gens qui travaillent à l'aéroport autour de son avion* (you need a reference to his plane in here to make it specific) **(III)** *ses passagers* (1 mark per item) **3** *Les journées sont longues/Il travaille 10 heures par jour* or *il ne voit pas beaucoup sa famille* or *il y a beaucoup de stress dans son travail/il est stressé.* Choose any 2 of the above 3. **4** *l'indépendance*

TOTAL 7 MARKS = 5

Exercice 2 Les parcs d'attraction

> **TIP**
>
> Read the title first! It helps to set the scene. Then, read the text. Now, read the list of words and check meanings. Read the text again and then try to fill in the gaps.

2 mise **3** plus **4** formés **5** niveau **6** contact **7** debout **8** intérieur **9** comprend **10** pratique **11** l'organisation **12** troisième **13** techniques **14** rémunérée **15** salaire

1 mark per item, divide by 2 to get a Total out of 7

TOTAL 7 MARKS = 5

Exercise 3 Emplois-jeunes

> **TIP**
>
> The French government is highlighting the need to provide jobs for young people. The article talks about one of the newly created posts as helpers in schools. Remember, read the questions first and let them guide your reading.

1 3 details are needed:
– 40,000 young people aged from 18–26 have already benefited from the scheme/project
– They work for 5 years
– They are paid the legal minimum wage (do not put small wage/salary!)
2 2 details are needed: they run writing, reading and workshops (*un atelier* = workshop) and they run (beginner's) sessions/classes in IT/on computers
The main points here are (1) the workshops and (2) the beginner's IT sessions. (1 mark each).
3 **I.** The teachers say that without them they couldn't do as much/they would be able to do less. **II.** They feel as if they are answering a need/being useful. (1 mark per point)
4 motivated and determined – (both words needed for the mark).
5 Become a primary school teacher.
6 They get paid for 5 years. It's a real job which is of value/worthwhile/of use. (1 mark per item)

TOTAL 11 MARKS = 8

Section One

Exercice 1 Quelques dates importantes en France!

 TIP

You should be able to match up most of these important days and dates. Remember *la veille* = Eve, as in Christmas Eve. *La Saint Sylvestre* is the 31st December (New Year's Eve). *La Fête du Travail* is Labour Day, which is the same as our early May Bank Holiday.

1 D, **2** G, **3** A, **4** E, **5** F, **6** B

TOTAL 6 MARKS = 4

Exercice 2 C'est la fête!

 TIP

Here you have to match the drawing to the invitation.
Naissance = birth (in No 1).
Fiançailles = an engagement (think of the word *fiancé* which we use also!)

1 E, **2** F, **3** D, **4** G, **5** A

TOTAL 5 MARKS = 3

Exercice 3 La journée de Farid

TIP

This article describes the long working day of a young Egyptian who makes pots. The article is quite long but most of the vocabulary will probably be familiar to you. Remember to read the questions first before you read the text.

1 A, **2** C, **3** B, **4** C, **5** A

TOTAL 5 MARKS = 3

Section Two

Exercice 1 Children's rights

TIP

These should be in the same order as in the text.

1 to go to school. **2** to love and be loved. **3** to express yourself freely – this could be referred to as freedom of speech. **4** to be different from others. **5** to discover other places or the right to communicate.

TOTAL 5 MARKS = 3

Exercice 2 Les Restos du Cœur

TIP

Les Restos du Cœur (short for *Restaurants du Cœur* – of the heart) is a charitable organisation set up to feed the needy, usually the homeless (*les S.D.F. – les sans domicile fixe*).

1 Faux (they give food not money)
2 Vrai **3** Vrai **4** Vrai **5** Vrai
6 Faux (you need 12) **7** Vrai (you have to send in the labels) **8** Faux (be careful, do not confuse *dizaine* – 10 (about) with *douzaine* (a dozen)).

TOTAL 8 MARKS = 6

Exercice 1 Strasbourg

TIP

> You need to match up the right beginnings and ends of the sentences. Strasbourg is at the forefront in the struggle (*la lutte*) against pollution.
> In an exercise like this, use your grammatical knowledge to help you. (For example, if there are 2 verbs together in a sentence, the second will be in the infinitive e.g. 2 + f). Also note that questions 1–7 are in the order of the text. Read them in order and think which bit of text they refer to before you look for the ending.

1 b, **2** f, **3** g, **4** a, **5** h, **6** c, **7** d

TOTAL 7 MARKS = 5

Exercice 2 Avez-vous un rêve à réaliser?

TIP

> Again, here you will find it useful to read the questions first. Then read the different texts, then re-read the questions. That is the time to use a dictionary if you are stuck on certain words – but don't worry if you don't understand every word, as this exercise is testing general understanding of ideas. Remember also that the instructions tell you that you can use the names several times.

1 Xavier **2** Leslie (*espèces en danger* = endangered species, of which *la baleine* – the whale, is one)
3 Xavier **4** André **5** Leslie
6 Marie-Odile **7** André

TOTAL 7 MARKS = 5

Exercise 3 "SOS mer propre"

TIP

> Again, use the English questions which follow the order of the text to help, and write in English.

1 They live a long way from the sea.
2 A group of/15 young people; aged between 14–19; all from the same district of Paris. (Choose any 2 of the above 3 details for 2 marks).
3 Cleaning up the beach (at Malo-les-Bains) **4** It lost its European label/blue flag indicating clean beaches (i.e. the beach got very dirty). **5** A day's scientific training on the oceanography of the North Sea. **6** That they are the greatest polluters of beaches in the summer. **7** The holidays will at least be useful. **8** He wants them to be ecologically aware on a daily basis.

TOTAL 9 MARKS = 6

PROGRESS MONITORING RECORD

As you finish each exercise check in the mark scheme and find out what mark you have scored. Write the mark in the appropriate box, then tick the O.K. box if you have reached a satisfactory mark. If you tick all boxes for one section, try the exercises in the next one.

Unit	SECTION 1						SECTION 2						SECTION 3					
	EX.1 Mk	O.K?	EX.2 Mk	O.K?	EX.3 Mk.	O.K?	EX.1 Mk.	O.K?	EX.2 Mk.	O.K?	EX.3 Mk.	O.K?	EX.1 Mk.	O.K?	EX.2 Mk.	O.K?	EX.3 Mk.	O.K?
1.																		
2.																		
3.																		
4.																		
5.																		
6.																		
7.																		
8.																		
9.																		
10.																		

This page may be photocopied